잃어버린 나를 마주하는 111가지 질문

Selfer.

어디에서 어떤 삶을 살아가더라도
그저 '**당신**'으로 살아가길 바라며.

지금
당신은
당신답게
살고
있나요
?

우리는 모두 태어나 저마다 '삶'이라는 것을 살아가다,
언젠가 '죽음'을 맞이합니다.

그리고 나의 삶은 죽음을 마주하는 그 순간까지
내가 아닌 다른 누군가가
대신 살아주지도 끝까지 책임져주지도 않습니다.

하지만, 우리는 지금 어떤 삶을 살고 있을까요?
당신은 한 번뿐인 나의 삶을 '나'로 살아가고 있나요?
아니면, '나'를 잃어버린 채 살아가고 있나요?

뿌리가 깊은 나무는 언젠가 거센 태풍이 불어도
흔들리지 않고 굳건히 서 있습니다.
그러나 뿌리가 깊지 못한 나무는 거센 바람에 위태롭게 흔들리고,
가지들은 힘없이 부러지고 말죠.

사람도 나무와 같습니다.
'나'라는 나무에 뿌리가 깊지 못한 사람은
삶에서 마주하는 많은 역경과 어려움에 힘없이 무너지지만,
'뿌리가 깊은 사람'은 굳건히 자신의 길을 나아갑니다.

뿌리가 깊은 나무는 그 위의 가지도 곧게 잘 자라듯
당신이 비로소 '나'로 살아갈 수 있을 때
그 위에 자라는 모든 것들이 곧게 자라날 수 있기에,

당신이 아들딸로서, 학생으로서, 직장인으로서,
친구로서, 연인으로서, 부모로서 살기 이전에 **'나'로 살아갈 수 있기를,**
당신이라는 나무에 깊은 뿌리를 내릴 수 있기를 바랍니다.

뿌리 깊은 나무들이 모여 울창한 숲을 이루듯,
뿌리가 깊은 사람들이 많아지면
언젠가 **나와 내가 사랑하는 사람들 그리고 우리 모두가**
있는 그대로의 나로 살아갈 수 있는 세계를 마주하게 되지 않을까요?

당신이 어디에서 어떤 삶을 살아가더라도
그저 조금 더 '당신답게' 살아갈 수 있기를 바라며,
언젠가 우리 모두가 온전한 '나'로, '우리'로 살아갈 수 있는 세계를 꿈꾸며,

간절한 마음과 진심을 담아 이 노트를 당신에게 전합니다.

목차

~

03

행복 | 불행

당신의 삶에서 가장 행복한 기억은 무엇인가요? 불행이 있기에 행복이 있고, 행복이 있기에 불행이 있습니다. 행복과 불행을 바라보는 당신의 시선을 따라가봅니다.

04

사랑

당신이 지닌 사랑의 모습과 색깔, 온도는 무엇인가요? 무엇을 어떻게 그리고 얼마나 사랑하는지, 당신이 지닌 사랑을 꺼내봅니다.

05

관계

'당신이 아닌 모습으로 사랑받는 것'과 '있는 그대로의 모습으로 미움받는 것' 중 하나를 택한다면, 당신은 무엇을 선택할 건가요? 다양한 사람과의 수많은 관계에서, '그 안에 있는 나'는 어땠는지 그리고 지금은 어떤지 당신의 솔직한 이야기를 들어봅니다.

06

감정

당신이 가진 모든 것을 잃었다면,
당신은 무엇을 다시 얻고 싶나요?
원하고, 느끼고 있지만 마주하지
않았던 당신의 내면을 있는 그대로
만나 봅니다.

07

타인 | 우리

당신에게 우리란 무엇인가요?
당신 그리고 당신이 아닌 모든
사람들이 '우리'로서 살아가는
세상을 바라봅니다.

+ 가치
21일 챌린지
캘린더
FREE NOTE
Q.SEARCH
EPILOGUE

Selfer.

TIP & Guide

Selfer.

[명사]

1. '나답게' 살아가는 사람
2. '나답게 살아가는 삶'이라는 가치를 지향하며 살아가는 사람

'Selfer'(셀퍼) 는 '나'를 뜻하는 단어 'Self'에 '_er'을 붙여 **'나답게 살아가는 사람'**을 의미합니다. 이 노트를 채워가며 '나다운 나'를 찾는 여행을 떠날 당신도 Selfer이며, 그 여정을 기록하게 될 이 노트의 이름 또한 Selfer입니다.

[GUIDE 1. 솔직하게]

우리는 세상을 살아가면서 내가 아닌 모습으로, 내가 원하지 않는 생각과 말을 할 때가 많습니다. 하지만 당신이 만들어가는 Selfer에게는 굳이 잘 보일 필요 혹은 이유가 없으니, **당신의 모습과 생각, 감정 모두를 있는 그대로** 담아 주세요. Selfer에서 만큼은 솔직한, 온전한 당신이길 바랍니다.

[GUIDE 2. 자연스럽게]

억지로 쓰려 하지 마세요. **답변하기 어렵거나 힘든 질문을 만난다면 쿨하게 다음을 기약하세요.** 질문에 대한 답이 생각이 나지 않거나, 노트를 폈지만 막상 쓰고 싶지 않을 때는 덮어버려도 좋습니다. 그럴 때는 **당신을 위한 휴식**을 취하거나 혹은 가벼운 마음으로 **주제, 질문들과 관련된 영화, 전시, 강의, 책** 등을 찾아보세요.

[GUIDE 3. 편하게]

이 노트를 꼭 **순서대로 쓸 필요는 없습니다.** 부록에 각 파트에 담긴 질문들을 모아 놓은 것을 참고해, 지금 당신에게 필요하거나 관심 있는 파트 혹은 흥미로운 질문을 먼저 작성하는 것도 좋은 방법입니다. **당신만의 노트이니 마음대로, 편하게, 당신답게 사용하면 됩니다.**

'우리'는 모두 '나'로 태어나 '삶'을 살아가며 다양한 사람들을 만나 여러 '관계'를 맺고, 그 속에서 수많은 '감정'을 느끼게 됩니다. '불행'한 순간도 겪지만, 끝없이 나만의 '행복'을 찾아 헤매고, 언젠가는 '죽음'을 마주하게 되죠.

이제 당신이 만나게 될 질문들은 우리의 삶에서 빼놓을 수 없는 것들을 이야기합니다. 살면서 겪었던 혹은 언젠가 마주할 수밖에 없는 것들은 당신의 과거, 현재, 미래 그리고 일상을 이룹니다. 하지만, 대부분 그 의미를 깊이 생각해본 적이 없을 거예요. 숨 가쁜 하루하루 속에서, 정작 우리는 가장 중요한 '나'와 '나의 삶'보다 다른 것에 큰 가치를 두기도 하죠.

그러다 보니, 당신이 마주할 질문들이 조금은 어렵게 혹은 날카롭게 느껴질 때가 있을지도 모릅니다. 어떤 질문은 당신을 불편하게 하고, 또 다른 질문은 여태까지 당신의 삶을 의심하게 할 수도 있을 거예요. 하지만 그건 당신이 부족해서 그런 것이 아닙니다. 오히려 낯설고 어려운 것이 당연하죠. 그러나 분명한 한 가지는, **그 낯섦과 어려움 너머에는 솔직하고 진솔한, 완전하지는 않더라도 보다 온전한 당신이 두 팔 벌려 기다리고 있다는 것입니다.**

있는 그대로의 당신을 마주할 순간을 상상해보세요. 그리고 험난할 수도 있지만, 어쩌면 당신의 삶에 전환점이 될 수도 있는 그 여정의 첫발을 내디뎌보세요.

우리는 당신이 하게 될 이 여행을,
한 번뿐인 당신의 삶을 보다 당신답게 살아갈 수 있기를
온 진심을 다해 응원합니다.

비록 Selfer가 당신에게 정답을 알려줄 수 없을지라도,
111가지 질문들은 당신이 **진정 마주하고 싶은 '나'와 '나의 삶'을 향해 가는 여정에 방향을 안내해 주는 작은 '나침반'**은 될 수 있을 거라 생각합니다.

지금 떠나는 이 여행이 조금은 길고 험난한 여정이 될 수도 있겠지만,
이 여행만큼은 가장 당신다운 걸음으로, 당신답게 만끽하길 바랍니다.

"

갑작스럽고 대담한 그리고 예상 밖의 질문은 한 인간을 여러 차례 놀라게 해서
정체를 드러내게 한다.

A sudden, bold, and unexpected question doth many times surprise a man and lay him open.

– Francis Bacon (프랜시스 베이컨) –

PROLOGUE

Selfer는 온전히 당신의 것이기에, 저자와 독자 또한 당신입니다.
아래의 항목들을 참고하여 편하고 자유롭게 당신만의 프롤로그를 만들어보세요.

Selfer를 쓰게 된 계기 | 당신에게 Selfer가 필요한 이유
Selfer를 쓰기 전에 살아온 당신의 삶 | 지금 살아가고 있는 삶 | 쓰고 난 후 바라는 당신의 삶에 관하여
질문에 답하기 전 나에게 전하고 싶은 이야기

part .1 나

지금 당신은 당신답게 살고 있나요?
아직 마주하지 못한 혹은 잃어버린
'나다운 나'를 찾아가 봅니다.

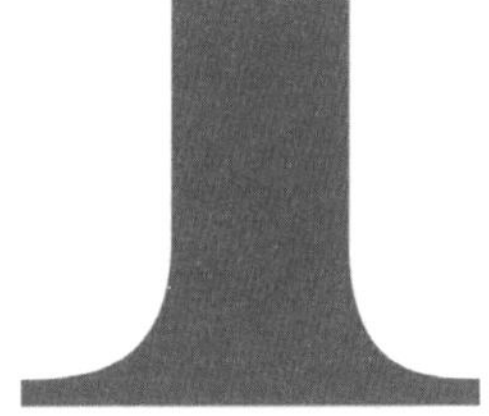

Q.1

Date. . . No.

당신은 누구인가요?

당신을 가장 잘 표현할 수 있는 3개의 단어를 떠올려보세요.
그 단어를 고른 이유는 무엇인가요?
당신의 생각, 성격, 걸모습, 습관, 성향 등 있는 그대로의 당신을 떠오르는 대로 적어보세요.

Q.2

Date.　　.　　.　　No.

당신은 당신을 얼마나 잘 알고 있나요?

자기 자신에 대해 알고 있는 정도를 1에서 10까지의 범위 안에서 선택해보세요.
스스로 아직 잘 모르는 부분이 있다면, 그것은 무엇일까요?

1점 ☐ 2점 ☐ 3점 ☐ 4점 ☐ 5점 ☐ 6점 ☐ 7점 ☐ 8점 ☐ 9점 ☐ 10점 ☐

알아가기 위해 충분한 시간을 갖고 있는지 돌이켜보세요.
본인을 알아가는 그 시간은 언제, 어떤 때인가요?
충분한 시간을 갖고 있지 못하다면, 그 이유는 무엇일까요?

"

책을 쓸 수 있는 사람보다 자신을 쓸 수 있는 사람이 더 현명한 사람이다.

– Benjamin Franklin (벤자민 프랭클린) –

Q.3

Date. . . No.

당신의 외모는 어떻게 생겼나요?

지금 거울을 들여다보거나, 거울에 비춰진 당신의 모습을 떠올려보세요.
그리고 당신이 생각하는 스스로의 모습을 그림이나 글로 자세하고 솔직하게 표현해보세요.
어렵다면, 동물로 표현해도 좋습니다.
생각했던 자신의 모습과 그림에서 느껴지는 자신의 모습에 어떤 차이가 있나요?

Q.4

Date. . . No.

당신의 삶에서 가장 중요한 '가치'는 무엇인가요?

당신이 가장 중요하게 여기는 가치를 3가지만 적어보세요.
이 가치들이 가장 중요하다고 생각한 이유는 무엇인가요?

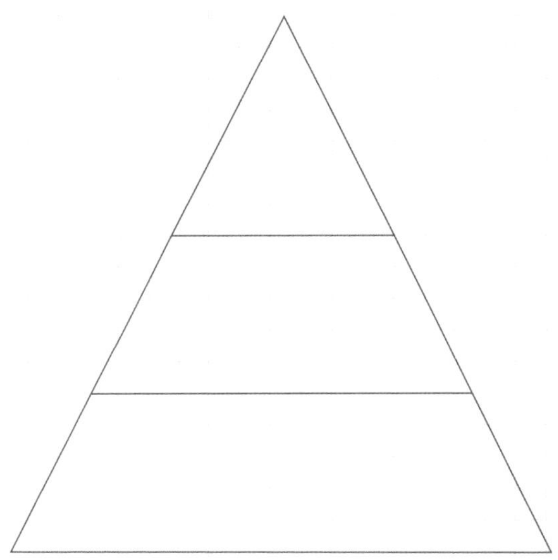

"

친구의 숫자가 관계의 깊이를 증명할 수 없고
집의 평수가 가족의 화목함을 보장할 수 없듯이
진정한 가치는 숫자로 측정되지 않는다.

- 〈나는 나로 살기로 했다〉, 김수현 -

Q.5

Date.　　.　　.　　No.

당신은 스스로를 얼마나 믿고 있나요?

당신의 행동, 역량, 도덕성 등 당신을 어느 정도 믿고 있나요?
1에서 10까지의 범위 안에서 선택해보세요.
당신은 스스로에게 믿음을 주고 있나요?
당신이 지닌 모습 중 신뢰하지 못하는 모습은 무엇인가요?

1점 ☐ 2점 ☐ 3점 ☐ 4점 ☐ 5점 ☐ 6점 ☐ 7점 ☐ 8점 ☐ 9점 ☐ 10점 ☐

“

스스로를 신뢰하는 순간 어떻게 살아야 할지 깨닫게 된다

- Johann Wolfgang von Goethe (요한 볼프강 폰 괴테) -

Q.6

Date. . . No.

요즘 당신의 눈길을 끄는 것은 무엇인가요?

사람, 동물, 식물, 악기, 책, 재테크 등 분야를 가리지 않고
요즘 가장 관심이 가는 대상을 떠올려보세요.
그 대상에 호기심을 가지게 된 계기와 이유는 무엇인가요?

Q.7

Date.　　.　　.　　No.

스스로 뛰어나다고 생각하는 당신의 재능은 무엇인가요?

다른 사람보다 뛰어나다고 생각하는 당신의 능력을 적어보세요.
그 능력은 언제 어디서 가장 잘 발휘되나요?
당신의 재능이 성장할 수 있었던 밑바탕에는 무엇이 있었을까요?

“

가장 중요한 사실은 당신이 할 수 있다는 것을 아는 것이다.

- Robert Allen (로버트 앨런) -

Talent Market

재능을 거래하는 오픈 마켓이 있습니다.
당신이 **거래할 수 있는 당신의 재능**을 모두 적어보세요.
그 재능의 값어치는 얼마인가요? 그 이유는 무엇인가요?

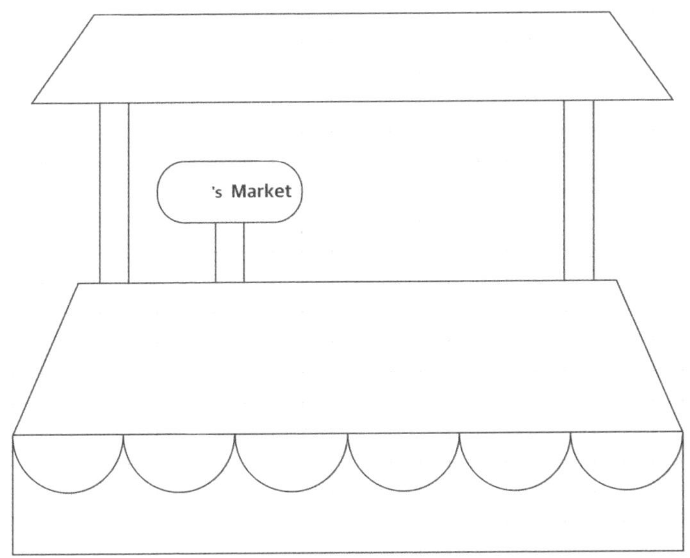

Q.8

Date. . . No.

당신이 지금 가장 원하는 것은 무엇인가요?

물건이든, 사람이든, 어떠한 모습이나 가치든 상관없습니다.
무엇이든 간에 '지금' 당신이 가장 원하는 것을 떠올려보세요.
그것을 원하는 이유는 무엇인가요?
그것이 당신의 삶에서 어떤 가치를 지니나요?

Q.9

Date. . . No.

지금 가지고 있지 않아서 불만인 것이 있나요?

가지고 싶지만 지금 가지고 있지 않아 불만스러운 것을 떠올려보세요.
물건이나 어떤 사람과의 관계, 혹은 지니고 싶은 성격 등 무엇이든 괜찮습니다.
다른 무엇보다 그것을 가지고 싶어 하는 이유는 무엇인가요?

“

나는 하늘로부터 세 가지 은혜를 받았다. 가난한 것, 허약한 것, 못 배운 것이 그것이다.
가난했기에 부지런히 일했고, 허약했기에 틈틈이 건강을 돌봐 90세가 넘도록 살아있고,
못 배웠기에 늘 무언가를 배우려고 노력했으니 이것이 은혜가 아니고 무엇이겠는가.

– 마쓰시타 고노스케 (마쓰시타 전기 창업주) –

- / + Switch

당신에게 부족하거나 모자란다고 생각되는 것들을 떠올려보세요.
결핍은 좋은 삶의 원동력이 될 수도 있습니다.
그 결핍이 당신의 선택, 행동 그리고 삶에 어떤 좋은 영향을 끼칠 수 있을까요?

지금 바로 할 수 있는 작은 움직임이
'-'였던 당신의 스위치를 '+'로 바꿀 수 있습니다.

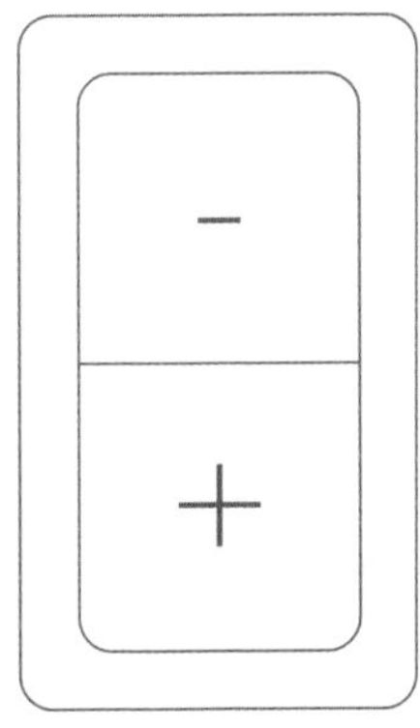

Q.10

Date. . . No.

당신은 무엇에 가장 깊게 몰입할 수 있었나요?

누군가에게 떠밀리지 않고 자연스럽게 몰입할 수 있었던 일 또는 취미들을 떠올려보세요.
그것에 빠지게 된 계기와 이유는 무엇인가요?
그 일을 할 때 느꼈던 최고의 경험 혹은 감정은 무엇이었나요?

“

당신이 진정으로 무언가를 하고 싶다면, 할 수 있는 방법을 찾을 것이다.
만약 진정으로 원하는 것이 아니라면, 당신은 변명을 찾을 것이지만.

Q.11

Date.　　.　　.　　No.

당신은 '과거'의 당신을 어떻게 기억하나요?

유년기, 청소년기, 청년기의 당신을 떠올려보세요.
지금의 나는 그 때의 나에게 어떤 말을 해주고 싶은가요?

"

경험을 현명하게 사용한다면, 어떤 일도 시간 낭비는 아니다.

– Auguste Rodin (오귀스트 로댕) –

Writing letter TO ME

유년기, 청소년기, 청년기의 '나'에게, 혹은 어제의 나에게 **진심이 담긴 편지**를 적어보세요.

Dear.

Date.

From.

Q.12

Date. . . No.

'지금' 당신의 모습은 과거의 당신이 바랐던 모습인가요?

예전의 당신은 지금 시기의 당신이 어떤 모습이길 바랐는지 떠올려보세요.
지금 당신의 모습이 바랐던 모습이라면,
그렇게 되기 위해 노력했던 시간들을 떠올려보세요.
만약 바랐던 모습이 아니라면, 과거의 당신이 바랐던 모습과 지금 당신의 모습이 다른 이유는 무엇일까요?

"

현재는 모든 과거의 필연적인 산물이며
모든 미래의 필연적인 원인이다.
오직, 현재 속에서만 인간은 영원을 알 수 있다.

- Johann Wolfgang von Goethe (요한 볼프강 폰 괴테) -

“

괜찮을 줄 알았던 커버린 내 모습이 기다려 온 만큼 멋지지 않은걸
어른이 하고팠던 어릴 적 내 모습이 자꾸 내 머릿속을 맴돌아
또 나를 그리워하냐 물어오네

- 하운 & 김건민 '어른' 가사 中 -

Q.13

Date.   .   .   No.

'미래'의 당신이 지금의 당신을 어떻게 기억할까요?

미래의 당신은 어떤 모습으로 지금의 당신을 기억할까요?
그리고 지금의 나에게 어떤 말을 해주고 싶을까요?
미래의 당신이 현재의 당신을 어떻게 기억했으면 좋을지 적어보세요.

"

우리는 흔히 내일 내일 하고 있지만,
내일이라는 것은 영원히 이어지는 것이므로
오늘 하지 않으면, 아무것도 못 하게 되는 것이다.

- Carnegie, Andrew (카네기 앤드류) -

A memory Freezer

기억 냉동고에 미래의 내가 기억했으면 하는 것들을 넣을 수 있다면 무엇을 넣을 건가요?
기억하고 싶은 사람, 노래, 물건, 취미, 향기, 분위기 등 무엇이라도 좋습니다.
지금 저장한 것들을 나중에 다시 마주하게 된다면 어떤 느낌이 들까요?

Q.14

Date. . . No.

당신을 이루고 있는 모습들에는 무엇이 있나요?

많은 모습들 가운데, 당신이 좋아하는 모습 그리고
싫어하거나 개선하고자 하는 모습을 나누어 적어보세요.
그 모습을 좋아하는, 혹은 좋아하지 않는 이유는 무엇인가요?

좋아하는 모습	
싫어하는 모습	

Q.15

Date.　　.　　.　　No.

'지인들이 생각하는 당신'은 어떤 모습일까요?

친구, 가족, 동료, 연인 등 주변 사람들이 당신을 어떤 사람으로 생각할지 떠올려보세요.
그렇게 생각하는 이유는 무엇인가요?

Q.16

Date. . . No.

타인과 구별되는 '당신만의 모습'은 무엇인가요?

'나만의 생각, 습관, 성격….'
다른 사람에게는 없지만, 당신에게는 있는 것들을 생각해보세요.
당신을 당신으로 존재하게 하는 그 모습들은 긍정적인가요, 부정적인가요?
그 이유를 자세하게 적어보세요.

"

최고의 작품은 멀리 있는 것이 아니라, 내 안에 있다

– Michelangelo, Buonarroti (미켈란젤로) –

Q.17

Date. . . No.

당신에게 '나다움' 혹은 '나답게'란 무엇인가요?

당신에게 '나다운', 즉 '있는 그대로의 온전한 당신'은 어떤 사람인지 떠올려보세요.
내가 '나'로 살고 있다고 느꼈던 순간이 있나요? 그 순간은 언제이며, 왜 그렇게 느꼈나요?
그런 순간이 떠오르지 않는다면,
당신이 '나'로 살고 있다고 느낄 수 있는 삶이란 어떤 삶일지 적어보세요.

"

당신 삶의 시간은 한정되어 있다. 그러니, 다른 사람의 삶을 사느라고 그 시간을 낭비하지 마라.

– Steve jobs (스티브 잡스) –

Q.18

Date. . . No.

지금 당신은 '당신답게' 살고 있나요?

당신답게 살고 있다면, 그렇게 살게 된 계기를 떠올려보세요.
당신답게 살고 있지 않다면, 무엇이 당신답게 사는 것을 가로막고 있나요?
가로막고 있는 그 무언가를 넘어, 당신답게 살아가기 위해서는 무엇이 필요할까요?

"

당신을 자꾸 당신이 아닌 것으로 만들려는 세상 속에서 자신답게 사는 것은 가장 큰 성취다.

– Ralph Waldo Emerson (랄프 왈도 에머슨) –

배는 주변에 물이 있다고 가라앉는 것이 아니라,
그 물이 안으로 들어오기 때문에 가라앉는 것이다.

그렇기에 당신 주변의 것들이 당신 안으로 들어와서
당신 스스로 가라앉게 만들지는 말아라.

Ships don't sink because of the water around them;
ships sink because of the water that gets in them.
Don't let what's happening around you get inside you and weigh you down.

part . 2 **삶 | 죽음**

'내일 죽어도 괜찮은 오늘'은 어떤 날일까요?

서로를 비춰주는 삶과 죽음, 죽음이라는 거울을
통해 삶의 의미를 발견해 봅니다.

Q.19

Date. . . No.

당신의 '하루'는 어떠했나요?

어제 혹은 오늘, 당신의 하루를 천천히 되짚어보세요.
요즘 당신의 하루는 무엇으로 이루어져 있나요?
그 중 당신이 원해서 스스로 선택한 시간은 언제인지 적어보세요.
하루 중 당신이 행복을 느끼는 시간과 불행하다고 생각되는 시간은 언제인가요?

"

오늘은 당신의 남은 인생 중 첫 번째 날이다.

- Charles Dederich (찰스 데드리히) -

Q.20

Date.　　.　　.　　No.

당신의 일상 중 다른 사람과 공유하고 싶은 '순간'은 언제인가요?

요즘 당신의 일상에서 다른 사람과 공유하고 싶은 순간을 떠올려보세요.
그리고 생각나는 대로, 느끼는 대로, 달고 싶은 대로 해시태그를 달아보세요.
하루하루가 모여 이루어지는 일상, 그 일상이 당신에겐 어떤 의미인가요?

#일상 #daily #lifestyle

"

인생에 대한 고귀한 생각은 평범한 일상 속에서 나타난다.

- Leo Tolstoy (톨스토이) -

Q.21

Date. . . No.

하루를 시작할 때 '상쾌함'을 느꼈던 순간은 언제인가요?

알람없이 저절로 일어나 기지개를 켤 때, 향긋한 커피 향기로 하루를 열 때,
창문을 열고 시원한 공기를 마실 때 등 상쾌하게 하루를 시작했던 순간과
그때의 감정을 자세하게 적어보세요.
활기차고 알찬 날을 보내기 위해 당신의 하루는 어떻게 시작되어야 할까요?
당신의 가장 이상적인 아침을 생각해보세요.

"

아침에는 입에 황금을 물고 있다.

- Benjamin Franklin (벤자민 프랭클린) -

Q.22

Date. . . No.

지금까지 당신이 이룬 것 중 스스로 가장 가치 있다고 생각하는 것은 무엇인가요?

그것을 이루기까지 들인 노력과 이루고 나서의 감정, 이룬 결과 등을 세세하게 적어보세요.
그것이 다른 것에 비해 특별히 가장 가치 있게 느껴지는 이유는 무엇일까요?
어떻게 하면 그 가치를 계속 소중하게 기억할 수 있을까요?

"

세상의 중요한 것들은 대부분 희망이 없다고 생각됨에도 계속 시도한 사람들로 인해서 성취된 것이다.

- Dale Carnegie (데일 카네기) -

Q.23

Date.　　.　　.　　No.

당신의 '좌우명' 혹은 인생의 '가치관'은 무엇인가요?

당신이 원하는 삶을 위해 지켜왔던, 혹은 지키고자 하는 당신만의 기준이 있나요?
예전과 지금을 비교했을 때, 좌우명 혹은 삶의 기준이 어떻게 변해왔는지
그 시기와 이유를 되짚어보세요.
지금 당신의 좌우명을 보았을 때, 당신의 삶에서 현재 가장 중요한 것은 무엇인가요?

Q.24

Date.　　.　　.　　No.

당신이 가진 모든 것을 잃었다면, 당신은 무엇을 다시 얻고 싶나요?

당신이 가진 것, 이루었던 것, 그 이외의 당신의 삶을 이루는 모든 것들을 잃었다고 상상해보세요.
그중에서 가장 되찾고 싶은 것 5가지를 정한 뒤, 우선순위를 매겨보세요.
그것을 다시 되찾고자 하는 이유는 무엇인가요?

당신 삶에서 그들이 얼마나 큰 의미를 지니는지 되새겨보세요.

Q.25

Date. . . No.

당신이 가진 것 중 가장 '버리고 싶은 것'은 무엇인가요?

물건, 어떤 사람 간의 관계, 당신의 습관 등 당신의 삶에 포함된 모든 것들 중
가장 쓸모없게 느껴지는 것은 무엇인가요?
그 이유는 무엇인가요?
그것을 버리기 위해 당신은 어떤 결단을 내려야 하나요?

"

다른 곳으로 가기 위한 첫 번째 단계는 지금 있는 곳에 더 이상 머물지 않겠다고 결정하는 것이다.

- J.Pierpont Morgan (존 피어펀트 모건) -

My feeling wastebasket

아래 **쓰레기통**에 지금 당신이 버리고 싶은 모든 감정과 기분, 부정적인 생각들을 적어보세요.

당신이 쓰레기통을 말끔하게 비우는 모습을 상상해보세요.
쌓였던 마음속 찌꺼기들을 버린 기분이 어떤가요?

Q.26

Date.　　.　　.　　No.

당신은 스스로 '선택하는 삶'을 살고 있나요, '선택된 삶'을 살고 있나요?

스스로 선택하는 삶을 살고 있다면,
당신이 가치 있다고 여기는 것들 중 그 선택의 척도가 되는 것을 생각해보세요.
선택된 삶을 살고 있다고 생각한다면, 당신이 스스로 선택할 기회를 놓치게 하는 것들은 무엇인가요? 그들로부터 벗어나기 위해 당신이 할 수 있는 것을 적어보세요.

"

매일 아침 눈을 뜰 때 나는 나 자신에게 이렇게 말한다.
나는 어떤 상황이 아니라 나 자신 스스로 오늘 행복할지 불행할지를 선택할 능력이 있다.
오늘 어떠할지 내가 선택할 수 있다는 것이다.

– Groucho Marx (그루초 막스) –

Q.27

Date. . . No.

당신이 진정으로 '원하는 삶'은 어떤 모습인가요?

어떤 모습이든 괜찮습니다.
당신이 이루고자 하는, 진정 원하는 삶의 다양한 모습들을 생각해보세요.
그러한 삶을 원하는 이유는 무엇인가요?
그러한 삶을 살아가기 위해서는 무엇이 필요할까요?

"

가장 중요한 사실은 당신이 할 수 있다는 것을 아는 것이다.

- Robert Allen (로버트 앨런) -

Q.28

Date. . . No.

당신에게 '삶'이란 무엇인가요?

결국, '산다는 것' 자체는 당신에게 어떤 의미인가요?
'당신의 삶'이 오로지 당신의 것이 되기 위해서 지금 무엇을 할 수 있나요?

"

삶에서 배운 것을 세 단어로 요약할 수 있다.
: 삶은 계속되고 있다.

"죽음을 생각하는 것만으로는 충분하지 않다.
항상 마음속에 간직해야 한다.
그렇게 되면 인생은 더욱 장엄해지고,
중요해지고, 비옥해지고, 더 즐거워진다."

- Stefan Zweig (스테판 츠바이크) -

• • • • • •
•

시작이 있으면 끝이 있듯, '삶'이 있기 때문에 '죽음'이라는 것이 있습니다.

그렇게 우리는 모두 원하든 원하지 않든, 언젠가는 '죽음'을 마주합니다. 그리고 그 죽음을 마주하는 시기와 방법 또한 우리가 상상하는 것과 같을 수도, 같지 않을 수도 있죠.

유감스럽지만, 우리는 어쩌면 내일 혹은 당장 1시간 뒤에 죽을 수도 있습니다. 우리 모두에게 '내일'은 당연한 것이 아니죠. 이 사실은 부정한다고, 멀리한다고 해서 우리의 삶과 무관해질 수 있는 것이 아닙니다. 그저, '삶'과 '죽음'이라는 것이 존재하는 것일 뿐입니다.

나의 모습을 있는 그대로 비춰주는 것이 '거울'이라면, 삶을 있는 그대로 비춰주는 것은 '죽음'일 것입니다. 온전한 자기 자신의 모습을 보기 위해서 깨끗한 거울이 필요한 것처럼, '온전한 나로서' 살아가기 위해서는 삶의 거울인 '죽음'과 마주해야다 한다고 생각합니다. 그 과정이 조금은 어렵고 불편할 수도 있겠지만, 어쩌면 자신의 죽음을 있는 그대로 마주하고 인정할 수 있을 때 우리는 진정한 삶을 마주할 수 있을 것입니다.

Q.29

Date. . . No.

당신의 '버킷리스트'는 무엇인가요?

당신이 죽음을 마주하기 전까지 반드시 하고자 하는 것들과 그 이유를 적어보세요.

당신의 버킷리스트에서 지금, 혹은 빠른 시일 내에 할 수 있는 것은 무엇인가요?
버킷리스트를 이루기 위해 당신에게 필요한 것과 당신이 준비해야 할 것은 무엇인가요?

"

자신이 좋아하는 것을 하는 것이 자유고, 자신이 하는 것을 좋아하는 것이 행복이다.

- Frank Tyger (프랭크 타이거) -

Bucket lists come true!

'올해' 꼭 이루고 싶은 **버킷리스트**를 생각해보세요.
그 버킷리스트는 언제, 어떻게 달성할 수 있을까요?

What	Why	When	How

Tip! 가고 싶은 곳, 배우고 싶은 것, 가지고 싶은 것, 이루고 싶은 것 등을
#what에 먼저 적어보세요. 그리고 이루고 싶은 것에 대한 세부 계획을 세워보세요.

Q.30

Date. . . No.

만약 지금 당신에게 남은 시간이 '한 달'이라면, 당신은 그 시간을 어떻게 보내실 건가요?

무엇을 할지 떠오르는 대로 적은 후, 우선순위를 매겨보세요.
1달이라는 시간을 누구와 어떻게 보내고자 하나요?
남은 시간에 하고자 하는 일 중 지금 할 수 없는 일과 할 수 있는 일은 무엇인가요?
그 이유도 자세하게 적어보세요.

Q.31

Date. . . No.

당신의 '죽음'은 어떠할 것 같나요?

당신이 죽음을 마주하게 될 순간을 떠올려보세요.
당신은 언제, 어떻게 죽음을 맞이할 것 같나요?
죽음을 마주하는 순간 당신의 머릿속에는 어떤 생각들이 스쳐 지나갈까요?

"

내 생의 끝을 안다는 것,
유한함으로 더욱 찬란한 오늘을 산다는 것.

- 〈죽음의 에티켓〉, 롤란트 슐츠 -

My last word.

삶의 마지막 순간에서, 마음의 껍데기를 벗어던지고
당신이 **남기고 싶은 말**을 어느 때보다 솔직하게 적어보세요.
소중한 사람에게 전하고픈 말, 삶에서 아쉬웠던 것, 행복했던 순간들 무엇이든 괜찮습니다.

Q.32

Date. . . No.

죽음이 두려운 것이라면,
죽음이 당신에게 '앗아가는 것'은 무엇인가요?

죽음은 반드시 찾아오지만 언제, 어디서, 어떻게 찾아올지 전혀 알 수 없습니다.
당신의 삶에서 죽음에게 빼앗길 소중한 것들은 무엇일까요?
그것들은 당신에게 어떤 의미를 지니나요?

"

죽음은 우리가 삶의 가치에 대해 생각하게 하기 때문에 중요하다.

- Andre Malraux (앙드레 말로) -

Q.33

Date. . . No.

당신이 '사랑하는 대상의 죽음'은 어떠할 것 같나요?

당신이 사랑하는 대상이 더 이상 당신 곁에 없을 때를 상상해보세요.
후회가 될 것 같다면, 그 후회를 하지 않기 위해 지금 당신은 무엇을 할 수 있을까요?

"

종종, 그것도 모르고 무덤에는 같은 관에 두 개의 심장이 들어있다.

– Alphonse de Lamartine (알퐁스 드 라마르틴) –

Q.34

Date. . . No.

당신에게 '죽음'이란 무엇인가요?

죽음은 어떻게 보면 살아있다는 증거가 되기도 합니다.
당신은 당신의 죽음을 인정하나요, 아니면 부정하나요?
혹은 아예 신경 쓰지 않고 살아가나요?
당신이 반드시 언젠가는 죽는다는 사실이 당신의 삶에 어떠한 의미가 될 수 있을까요?

"

내 생의 끝을 안다는 것,
유한함으로 더욱 찬란한 오늘을 산다는 것.

- 〈죽음의 에티켓〉, 롤란트 슐츠 -

Q.35

Date. . . No.

'내일 죽어도 괜찮은 오늘'은 어떤 날일까요?

가장 충만한 오늘, 당신은 누구와 어디서 무엇을 하고 있을까요?
그렇게 생각한 이유도 자세하게 적어보세요.

"

영원히 살 것처럼 꿈꾸고,
오늘 죽을 것처럼 살라.

– James Dean (제임스 딘) –

Q.36

Date.　　.　　.　　No.

'지금 죽어도 괜찮은 순간'은 어떤 순간일까요?

'지금 죽어도 괜찮은 순간'을 상상한 후, 그 찰나의 시간을 세세하게 적어보세요.
그 순간에 당신은 누구와 어디서 무엇을 하며, 어떤 기분을 느끼고 있을까요?
그렇게 생각한 이유는 무엇인가요?

"

세상에서 가장 소중한 선물(Present)은 현재,
지금 이 순간(Present)이다.

part . 3 **행복 | 불행**

당신의 삶에서 가장 행복한 기억은 무엇인가요?

불행이 있기에 행복이 있고, 행복이 있기에 불행이 있습니다. 행복 그리고 불행을 바라보는 당신의 시선을 따라가봅니다.

Q.37

Date. . . No.

요즘 당신은 행복한가요?

하루에 그리고 한 주에 당신이 행복하다는 감정을 얼마나 느끼는지 되새겨보세요.
요즘 당신이 행복하게 살고 있다면, 당신을 행복하게끔 하는 것은 무엇인가요?
만약 충분히 행복하지 않다면, 당신의 행복을 가로막는 것 혹은 상황은 어떤 것인가요?

"

행복은 여정이지, 목적지가 아니라는 점을 기억하라.

- Roy M. Goodman (로이 M. 굿맨) -

Q.38

Date. . . No.

최근 당신이 일상에서 느낀 '소확행'의 순간은 언제인가요?

그 찰나의 분위기, 날씨, 냄새, 당신의 기분 등
소소하지만 확실하게 행복했던 순간의 모든 것들을 떠올려보세요.
일상 속에서 특별히 그 순간에 당신이 행복을 느낀 이유는 무엇인가요?

"

사람은 자신의 고난을 세는 일을 좋아하지만, 기쁨 세는 법은 모른다.
기쁜 순간도 세었다면 보다 더 행복해질 것이다.

- Fyodor dostoyevsky (효도르 도스토옙스키) -

Q.39

Date. . . No.

지난 1년 동안 당신이 한 선택 중 가장 '만족스러운 선택'은 무엇인가요?

수많은 선택 중 가장 잘했다고 생각하는 선택을 떠올린 후,
선택할 때의 상황과 선택의 이유, 그 결과를 상세하게 적어보세요.
그 선택이 당신에게 어떤 것을 가져다주었나요?
그 경험이 앞으로 당신의 선택에 어떤 영향을 미칠지 생각해보세요.

"

나는 내 환경의 산물이 아니라, 내 선택의 산물이다.

- Stephen Covey (스테판 코베이) -

Q.40

Date. . . No.

당신의 삶에서 '가장 행복한 기억'은 무엇인가요?

혼자였나요, 다른 사람과 함께였나요?
그때의 시간과 장소, 냄새, 분위기 등을 최대한 세세하게 되짚어보세요.
그 기억이 가장 행복하다고 생각하는 이유는 무엇인가요?

"

인생을 살아가는 데는 오직 두 가지 방법밖에 없다.
하나는 아무것도 기적이 아닌 것처럼,
다른 하나는 모든 것이 기적인 것처럼 살아가는 것이다.

- Albert Einstein (알버트 아인슈타인) -

Q.41

Date. . . No.

진정 당신을 행복하게 해주는 것은 무엇인가요?

사람, 동물, 물건, 상황 등 당신을 진정으로 행복하게끔 하는 것을 꼽아보세요.
설렘, 안정, 만족, 성취감, 홀가분함 등 행복을 느끼게 하는 감정들은 매우 많습니다.
당신을 행복하게 하는 것들로부터 당신은 어떤 감정을 느끼게 되나요?
당신의 '행복'은 어디에서 발견할 수 있을까요?

"

대부분의 사람은 마음먹은 만큼 행복하다.

- Abraham Lincoln (에이브러햄 링컨) -

Q.42

Date. . . No.

이미 당신이 행복을 느끼기에 충분하지만, 그 가치를 잊고 살고 있는 것이 있나요?

당신에게 너무나 익숙해지고 당연해져 그 의미가 바랜 것들을 떠올려보세요.
아마 당신에게 행복을 가져다주는 것들은 생각보다 멀리 있지 않고,
당신의 삶 속에 녹아들어 있을지도 모릅니다.
그것들이 당신에게 어떠한 행복을 가져다주었나요?
그리고 그 가치를 되새기기 위해서 당신은 무엇을 할 수 있을까요?

“

많은 사람들이 자신의 행복을 놓치고 있다.
그 이유는 그들이 아직 행복을 찾지 못해서가 아니라,
그들이 그 행복을 즐기려고 멈추지 않기 때문이다.

- William Feather (윌리엄 페더)-

Happiness bucket!

행복 양동이에 당신의 행복의 정도를 채워보세요.
그 안은 무엇으로 이루어져 있나요?

만약 양동이에 구멍이 있어서 당신의 행복이 새어나간다면, 그 구멍은 어떻게 생겨났을까요?
구멍을 막기 위해 당신이 할 수 있는 조치로는 무엇이 있을지 고민해보세요.

Q.43

Date. . . No.

당신은 스스로 '행복해질 권리'가 있는 사람이라고 생각하나요?

당신이 지금보다 더 행복해질 수 있다고 생각하나요?
있다면, 당신의 어떤 점이 그것을 가능하게 할까요?
만약 행복해지기 어렵다고 생각한다면, 그 이유는 무엇인가요?

"

우리는 모두 행복해질 의무가 있다

- 영화 〈꾸뻬 씨의 행복 여행〉, 2014 -

Q.44

Date. . . No.

당신에게 '행복'이란 무엇인가요?

행복을 추구하는 것은 인간의 기본적인 권리입니다.
당신이 생각하는 '행복'의 의미와 그렇게 생각한 이유를 자세하게 적어보세요.
당신이 누릴 수 있는 최대한의 '행복한 삶'은 어떤 모습인가요?

"

살다 보면 행복해지려고 무던히 애를 쓰는 내 모습에 서글퍼질 때가 또 있지
그래도 괜찮다 싶어 좋은 날도 슬픈 날도 나를 단단하게 해 줄 수 있는 시간이니,
열심히 살아주어 고마워

– Maylily '살아온 나에게' 가사 中 –

Q.45

Date. . . No.

'보다 행복한 삶'을 위해 당신이 가장 중요하게 생각하는 것은 무엇인가요?

앞으로 당신이 더 행복해지려면 무엇이 가장 중요하고 필요할까요?
삶에 깃든 행복을 최대한 만끽하며 살기 위해서 당신이 실천할 수 있는 것들을 생각해보세요.

"

인생은 모두가 함께하는 시간 여행이다.
매일매일 사는 동안 우리가 할 수 있는 건, 최선을 다해 이 멋진 여행을 만끽하는 것이다.

- 영화 〈어바웃 타임〉, 2013 -

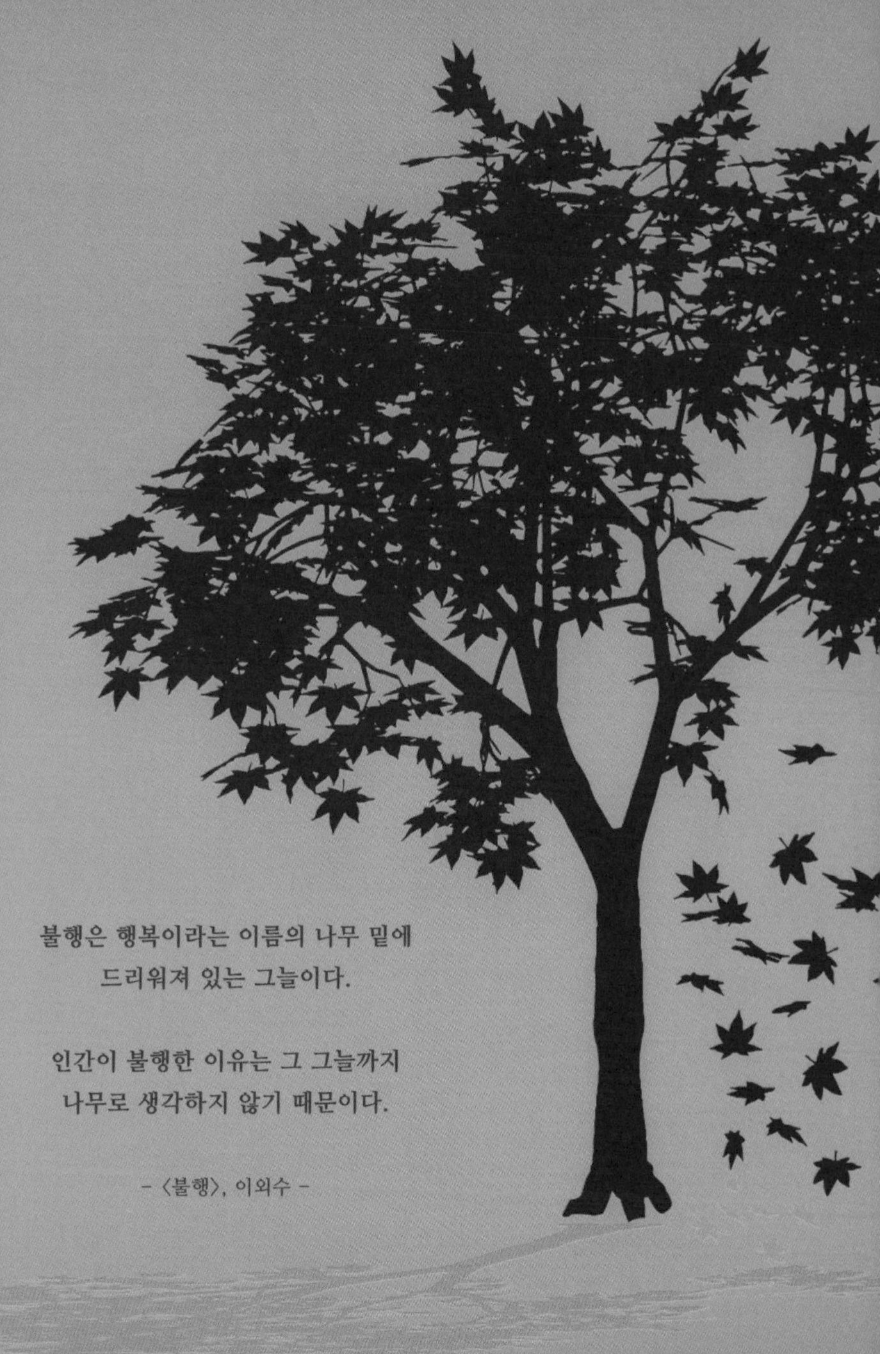

불행은 행복이라는 이름의 나무 밑에
드리워져 있는 그늘이다.

인간이 불행한 이유는 그 그늘까지
나무로 생각하지 않기 때문이다.

- 〈불행〉, 이외수 -

Q.46

Date. . . No.

요즘, 불행하다고 느낀 적이 있나요?

가장 최근에 불행하다고 느낀 순간을 떠올려보세요.
특별히 그 순간에 당신이 불행하다고 느낀 이유는 무엇인가요?
하루에, 한 주에 불행하다는 감정을 얼마나 느끼고 있나요?

"

언제까지 계속되는 불행이란 없다.

- Romain Rolland (로맹 롤랑) -

Q.47

Date. . . No.

당신을 불행하게 하는 것들은 무엇인가요?

불행은 안에서도, 밖에서도 올 수 있습니다. 사람, 동물, 물건, 상황 등
당신을 불행하게 하는 내부적인 요인 혹은 외부적인 요인을 생각해보세요.
그것이 당신을 불행하게 만드는 이유는 무엇일까요?

"

우리의 행복과 불행을 결정하는 것은 우리 자신이다.
그리고 그건 바로 우리가, 스스로 어떻게 생각하느냐에 달려 있다.

- Andrew Matthews (앤드류 매튜스) -

Q.48

Date. . . No.

당신의 슬럼프는 언제였나요?

아무것도 하고 싶지 않고 무기력했던 시기를 떠올려보세요.
슬럼프가 온 이유는 무엇이고, 무기력감에서 벗어나기 위해 당신은 어떤 행동을 했나요?
앞으로 다시 슬럼프가 찾아온다면, 어떻게 대처할 건가요?

“

한쪽 문이 닫히면, 다른 문이 열린다

- Miguel de Cervantes (미겔 데 세르반테스) -

A conversation with me

슬럼프에 빠졌던 과거의 당신에게 말을 걸어보세요.
예전의 당신은 어떤 말을 듣고, 그리고 하고 싶었을까요?
솔직한 대화를 통해 그때의 당신을 이해해보세요.

"

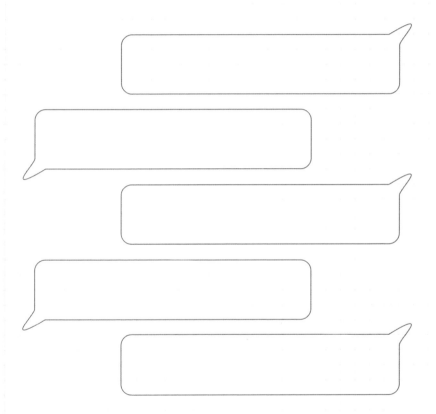

너 아무리 헤맬지라도 네 걸음으로 걸어만 간다면 다 괜찮아,
그저 너로만 걸어줘, 그저 너로만 살아줘

– 장서영 & 이요셉 '그저, 너로만' 가사 中 –

Q.49

Date. . . No.

당신의 삶이 불행하다고 느꼈을 때
당신은 어떤 행동을 했나요?

스스로 불행하다고 느꼈을 때, 당신이 정확히 어떤 감정을 가졌는지 떠올려보세요.
그러한 감정이 들었을 때, 당신은 그때의 상황과 감정에 어떻게 대응했나요?
지금의 당신이라면, 그 당시에 어떤 행동을 했을까요?

Therapy for me

불행을 느꼈던 예전의 나에게 **처방전**을 내려보세요.
어떤 처방이 제일 도움이 되었을까요?

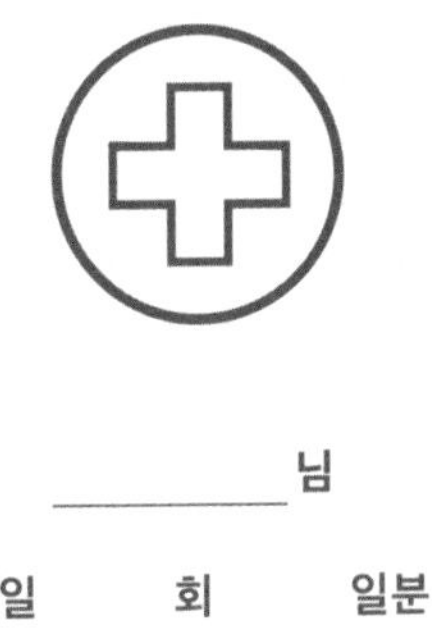

__________님

1일 회 일분

처방 의약품

본 의약품 처방 이유

투여 방법

처방 의약품 ex) 여행 떠나기 / 건강하고 맛있는 음식 먹기 /혼자만의 힐링 타임
투여 방법 ex) 가까운 바다로 당일치기 / 나를 위한 음식 직접 만들어 먹기 / 혼자 심야 영화 보기

Q.50

Date. . . No.

당신의 삶에서 '가장 불행했던 순간'은 언제인가요?

조금은 어렵고 힘들 수 있지만, 삶에서 가장 힘들고 불행했던 시간을 떠올려보세요.
그 시기가 가장 불행했다고 느끼는 이유는 무엇인가요?
당신은 당신의 삶에서 가장 불행했던 그 순간을 어떻게 받아들이고 있나요?

"

삶에 대한 절망 없이는 삶에 대한 사랑도 없다.

- Albert Camus (알베르 카뮈) -

Q.51

Date. . . No.

당신에게 '불행'이란 무엇인가요?

불행했던 시간들이 당신의 삶에서 어떤 의미를 지니는지 생각해보세요.
당신이 살아오며 겪었던 '불행한 순간'들은 당신을 어떻게 바꾸었나요?
앞으로 삶을 살아가며 맞닥뜨릴 '불행한 순간'들을 어떻게 마주 하고 싶나요?

"

구름이 내 삶으로 들어오고 있지만, 이젠 더 이상 그 구름들이 내 삶에 비를 내리거나 폭풍우를 동반하지 않는다.
이제는 그 구름들이 나의 저녁노을을 다양한 색깔로 물들이게 해 준다.

- Rabindranath Tagore (라빈드라나트 타고르) -

part . 4 **사랑**

당신이 지닌 사랑의 모습과 색깔, 온도는 무엇인가요?
무엇을 어떻게 그리고 얼마나 사랑하는지, 당신이 지닌 사랑을 꺼내봅니다.

사랑한다는 것은 관심을 갖는 것이며, 존중하는 것이다.
또한 사랑한다는 것은 책임감을 느끼며 이해하는 것이고
내 모든 것을 주는 것이다.

– Erich Pinchas Fromm (에리히 프롬) –

Q.52

Date. . . No.

당신은 스스로를 충분히 사랑하고 있나요?

충분하게 사랑하고 있다면, 당신이 사랑하는 스스로의 모습을 자세하게 적어보세요.
만약 충분히 사랑하고 있지 않다면, 그 이유는 어디에서 비롯되었을까요?
당신을 보다 따뜻하게 보듬어주려면 어떤 마음가짐이 필요할지 생각해보세요.

"

자기 자신을 사랑한다는 것은
자기 자신을 믿어주는 일이다.

- Auriela Mccarthy (아우리엘라 맥카시) -

자신을 사랑하는 법을 아는 것이 가장 위대한 사랑입니다.

- Michael Masser (마이클 매서) -

Q.53

Date. . . No.

당신이 '사랑한다고 느끼는 대상'이 있나요?

가족, 친구, 연인 등 사랑하는 사람을 떠올려보세요. 혹은 사람이 아니어도 괜찮습니다.
그 대상을 사랑하는 이유는 무엇인가요?

Q.54

Date. . . No.

당신은 사랑하는 대상에게 무엇을 바라나요?

당신이 사랑하는 대상에게 원하는 것이 있다면, 그것이 무엇인지 생각해보세요. 바라는 것이 충족되지 않을 때, 당신은 어떤 감정을 느끼고 어떻게 반응하나요?

SENDING A POSTCARD

사랑하는 대상에게 당신의 마음과 바람을 담은 엽서를 부쳐보세요.

Dear.

From.

Q.55

Date. . . No.

당신은 사랑을 어떻게 '표현'하나요?

평소 사랑하는 대상에게 당신의 마음을 어떻게, 어느 정도로 표현하는지 떠올려보세요.
당신의 사랑 표현 방식이 당신의 마음을 충분히 잘 드러내어 주나요?
당신의 사랑을 받는 대상은 그 사랑의 방식을 온전히 느끼고 있을까요?

사랑하는 대상을 떠올린 후, 사랑하는 정도와 표현하는 정도를 비교해서 표시해보세요.

1점 ☐ 2점 ☐ 3점 ☐ 4점 ☐ 5점 ☐ 6점 ☐ 7점 ☐ 8점 ☐ 9점 ☐ 10점 ☐

Q.56

Date. . . No.

당신과 당신이 사랑하는 사람은 서로의 가장 '행복한 시간'과 '힘든 시간' 모두를 사랑할 수 있나요?

어떠한 시간이든, 당신과 당신이 사랑하는 사람은
그 시간들을 서로 이해하고 공감할 수 있나요?
견뎌온 괴로운 시간들과 다가올 힘겨운 시간들을 그 사람과 나눌 수 있나요?

"

나는 내가 아픔을 느낄 만큼 사랑하면 아픔은 사라지고
더 큰 사랑만이 생겨난다는 역설을 발견했다.

- Mother teresa (마더 테레사) -

Q.57

Date. . . No.

당신이 지닌 사랑의 온도는 몇 도인가요?

사랑의 평균적인 온도가 36.5도라고 가정해보세요.
당신이 지닌 사랑의 온도는 평균인가요 아니면 그보다 낮거나 높나요?
지난 시간과 현재를 되새겨보며 그렇게 생각한 이유를 적어보세요.

Q.58

Date.　　.　　.　　No.

당신의 삶에서 사랑은 필수적인가요?

사랑이 반드시 필요하다면, 당신의 삶에서 '사랑'은 얼마나 큰 부분을 차지하나요?
혹은 사랑을 대신할 수 있는, 어쩌면 더 중요하게 생각하는 다른 소중한 가치가 있을까요?
사랑(혹은 보다 소중한 가치)이 왜 그토록 당신에게 중요한지 그 이유를 자세하게 적어보세요.

Q.59

Date.　　.　　.　　No.

당신에게 '사랑'이란 무엇인가요?

사랑이 없는 당신의 삶은 어떠한 삶일지 상상해보세요.
그렇게 생각하는 이유는 무엇인가요?

“

사랑은 자신 이외에 다른 것도 존재한다는 사실을 어렵사리 깨닫는 것이다.

- Iris Murdoch (아이리스 머독) -

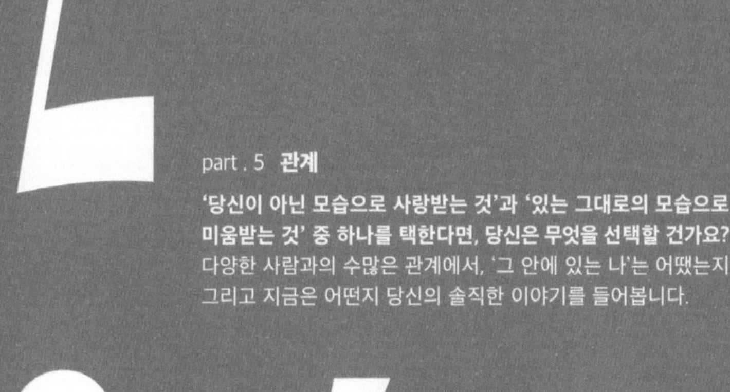

part . 5 **관계**

'당신이 아닌 모습으로 사랑받는 것'과 '있는 그대로의 모습으로 미움받는 것' 중 하나를 택한다면, 당신은 무엇을 선택할 건가요?
다양한 사람과의 수많은 관계에서, '그 안에 있는 나'는 어땠는지 그리고 지금은 어떤지 당신의 솔직한 이야기를 들어봅니다.

Q.60

Date. . . No.

당신과 잘 맞는 사람은 어떤 성향인가요?

같이 있으면 즐겁고 편한 사람 혹은 친해지고 싶은 사람을 떠올려보세요.
취미, 성격, 관심사 등 그와 잘 맞는 부분은 무엇인가요?
그렇다면 당신은 어떤 성향의 사람인가요?

What is my personality?

9가지 중 당신과 가장 비슷하다고 느끼는 성향 2가지와
가장 다르다고 느끼는 성향 2가지를 골라보세요.
당신은 당신의 성향에 만족하나요? 혹은 지니고 싶은 성향이 있나요?
당신의 지인들은 어떤 성향일까요?

완벽한 (이성적인)	도움을 주는 (사교적인)	성취를 추구하는 (야망 있는)
독특한 (예술적인)	분석적인 (사색적인)	충성하는 (책임을 중시하는)
낙천적인 (즐거움을 중시하는)	지도하는 (리더십 있는)	평화로움을 추구하는 (리더십 있는, 안정적인)

“

오랜 친구들이 주는 축복 중의 하나는 당신이 그들과 함께일 때 바보같은 짓을 해도 괜찮다는 것이다.

– Ralph Waldo Emerson (랄프 월도 에머슨) –

Q.61

Date. . . No.

누군가를 처음 만날 때의 당신은 어떤 모습인가요?

다른 누군가를 처음 만나는 상황에서 당신이 어떤 감정을 느끼는지,
혹은 어떻게 반응하는지 되짚어보세요.
그런 당신의 모습에 어느 정도 만족하나요?

Q.62

Date. . . No.

당신에게 힘겨웠거나 버거웠던 관계가 있었나요?

혹은 현재 힘겨운 관계가 있나요?
그 관계가 어려웠던, 또는 어려운 이유는 무엇인가요?
당신을 힘들게 하는 그 관계를 유지하고자 하나요, 정리하고자 하나요?

"

당신은 하늘이다. 그리고 그 외의 모든 것들은 단지 날씨일 뿐이다.

- Pema Chodron (페마 초드론) -

Q.63

Date.　　.　　.　　No.

상대방과 의견이 일치하지 않을 때,
당신은 어떻게 해결하나요?

다른 사람과 의견이 다르거나 이해관계가 서로 맞지 않을 때,
당신이 어떤 태도를 취하는지 자세하게 떠올려보세요.
당신이 생각하는 '타인과의 갈등을 가장 원만하게 해결하는 방법'은 무엇인가요?

누군가와 의견이 충돌할 때의 당신의 태도에서 보완해야 할 점은 무엇일까요?

Q.64

Date. . . No.

당신의 삶을 돌이켜 보았을 때, 놓쳐서 아쉬운 인연이 있나요?

당신의 삶을 돌이켜봤을 때, 관계가 멀어져 아쉬운 사람이 있나요?
그 사람과 멀어지게 된 이유는 무엇이고, 지금 그 사람과의 인연이
아쉽게 느껴지는 이유는 무엇인가요?

"

뒤돌아보면 아쉬움과 후회뿐인 인생이지만,
퍽 다행스러운 건 아직도 우리에겐 다시 시작할 시간이 남아있다는 것이다.

- 〈가끔 이유 없이 눈물이 날 때가 있다〉, 김이율 -

Q.65

Date. . . No.

있는 그대로의 당신의 모습을 솔직하게 보여줄 수 있는 사람은 누구인가요?

좋은 모습이건 나쁜 모습이건, 당신의 모든 모습을
숨김없이 보여줄 수 있는 사람이 있는지 생각해보세요.
그 사람 앞에서 드러나는 당신의 자연스러운 모습은 어떤 모습인가요?

함께 있을 때, 한참 멍을 때려도 서로 아무렇지 않을 정도의 사람이 있나요?

"

누군가를 신뢰하면 그들도 너를 진심으로 대할 것이다.
누군가를 훌륭한 사람으로 대하면 그들도 너에게 훌륭한 모습을 보여줄 것이다.

– Ralph Waldo Emerson (랄프 월도 에머슨) –

The hardest story of my life

당신이 지닌 **가장 이야기하기 어려운 이야기**를 솔직하게 써 내려가 보세요.

당신의 주위에 이 이야기를 할 수 있을 정도로 믿을 수 있는 사람이 있나요?
그 사람에게 이 이야기를 할 수 있는 이유, 혹은 아무에게도 이 이야기를 할 수 없는 이유는 무엇인가요?

Q.66

Date. . . No.

당신의 고개를 저절로 끄덕이게 하는 사람은 누구인가요?

당신이 인정하고 선망하는 사람을 떠올려보세요.
본받고 싶은 그 사람의 모습 혹은 행동습관은 무엇인가요?
그 모습을 배우기 위해 당신이 지금 할 수 있는 행동에는 어떤 것들이 있을까요?

"

사람은 생각이 아니라 행동에 의해서 살아간다.

- Anatole France (아나톨 프랑스) -

Q.67

Date.　　.　　.　　No.

당신에게 있어 가장 고마운 사람은 누구인가요?

삶에서 가장 고마운 사람을 떠올려보세요.
그리고 그 사람에게 고마움을 느꼈던 시기 혹은 경험을 자세하게 적어보세요.
그 사람은 당신에게 어떤 존재인가요?

“

세상에서 감사를 표하는 이의 행동보다 더 아름다운 것은 없을 것이다.

- Jean de La Bruyere (장 드 라 브뤼에르) -

Q.68

Date. . . No.

당신은 거절하고 싶을 때 거절할 수 있나요?

적당한 높이의 울타리는 당신을 지켜주는 보호막이 됩니다.
거절하고 싶었지만 그러지 못했던 상황을 떠올려보세요.
그 이유는 무엇이고, 거절했다면 상황이 어떻게 달라졌을까요?

“

행복의 열쇠는 당신이 어떤 것을 받아들이고 어떤 것을 거부할지에 대한 권리가 있다는 것을 아는 것이다.

- Dodinsky (도딘스키) -

How to say no?

당신이 지닌 거절의 기술은 무엇인가요?
보다 효과적으로 거절하기 위한 당신만의 **'거절 원칙'**을 만들어보세요.

원칙 1.

원칙 2.

원칙 3.

Q.69

Date. . . No.

당신은 누구에게 가장 인정받고 싶나요?

그 사람에게 무엇을 인정받고 싶나요?
특별히 그 사람의 인정을 받고 싶은 이유는 무엇인지 생각해보세요.
인정받고 싶은 사람에게 마침내 인정받았을 때, 당신은 어떤 기분일까요?

"

행복은 성취의 기쁨과 창조적 노력이 주는 쾌감 속에 있다.

- Franklin D. Roosevelt (프랭클린 D. 루스벨트) -

Q.70

Date. . . No.

당신의 자서전에서 빠뜨릴 수 없는 사람은 누구인가요?

당신의 삶을 이야기할 때 절대 빠질 수 없는 사람을 떠올려보세요.
그리고 그 사람과 나누었던 좋은 혹은 좋지 않은 시간과 감정들을 모두 적어보세요.
당신에게 그는 어떤 사람인가요?

"

산, 강, 그리고 도시만을 생각한다면 세상은 공허한 곳이지만, 비록 멀리 떨어져 있더라도
우리와 같이 생각하고 느끼는 그 누군가가 있다는 사실을 알면 지구는 사람이 사는 정원이 될 것이다

- Johann Wolfgang von Goethe (요한 볼프강 폰 괴테) -

Q.71

Date. . . No.

오늘이 당신의 마지막 날이라면, 누구와 함께 하루를 보내고 싶나요?

당신이 마지막 시간을 함께 보내도 아깝지 않은 사람을 떠올려보세요.
그 이유는 무엇인가요?
그 사람이 당신에게 어느 정도의 가치를 지니는지 되새겨보세요.
지금 당신의 일상에서 그 사람과 충분한 시간을 같이하고 있나요?

Planning for today

함께하고 싶은 사람과 보낼 가장 행복한 하루를 **계획**해보세요.
누구와 어디에서 무엇을 할 건가요?

Q.72

Date. . . No.

당신은 가까운 사람들에게 당신의 존재 가치가 점점 작아져 간다고 느낀 적이 있나요?

있다면, 무엇으로 인해 그렇게 느꼈었는지 구체적으로 떠올려보세요.
그때의 당신의 감정과 대응 방식은 어땠나요?
지금의 당신은 그 시기의 당신에게 어떠한 조언을 해줄 수 있을까요?

“

우리는 우리가 받을 수 있다고 생각하는 만큼만 사랑받기 마련이다.

- 영화 〈월 플라워〉, 2012 -

Q.73

Date. . . No.

많은 사람들과의 관계 속에서
당신의 삶은 충분히 존중받고 있나요?

존중받고 있다면, 어떤 부분에서 그렇게 느낄 수 있었는지를 떠올려보세요.
존중받는 혹은 존중받지 못하는 관계에서 당신의 모습은 어떤가요?
당신에게 '존중받는 삶'이란 무엇인지 생각해보세요.

Q.74

Date. . . No.

'당신이 아닌 모습으로 사랑받는 것'과 '있는 그대로의 모습으로 미움받는 것' 중 하나를 택한다면, 당신은 무엇을 선택할 건가요?

그 이유는 무엇인가요?

다른 사람들 앞에서 꾸며낸 당신과 있는 그대로의 당신을 동물로 나타내어 보세요.
왜 그 동물을 선택했나요?
각각의 동물들은 당신에게 어떤 느낌으로 다가오나요?

"

내가 아닌 모습으로 사랑받느니,
차라리 있는 그대로의 내 모습으로 미움받겠다.

- Kurt Cobain (커트 코베인) -

Q.75

Date. . . No.

당신이 생각하는 가장 이상적인 '관계'는 무엇인가요?

수많은 타인과의 관계 중에서,
당신이 가장 바람직하고 이상적으로 생각하는 관계 혹은 그 방식에 대해 고민해보세요.
당신이 생각하는 타인과의 '최선의 관계'에서 당신은 무엇을 얻고 느낄 수 있을까요?

"

행복한 삶의 비밀은 올바른 관계를 형성하고 그것에 올바른 가치를 매기는 것이다.

- Norman Thomas (노먼 토머스) -

❛

우리는 결국 멋지게, 그러나 가슴 아프게 혼자입니다.

여러분 마음의 빗장을 여세요

서로 타인이 되지 맙시다.

서로에게 배운 것들을 모른척하지도 맙시다. 그게 더 중요하죠.

We are beautifully, finally, achingly, alone.

Carry the Light!

Let's not be strangers.

Either to one another or, more importantly,

to everything we've learned from one another.

- 영화 〈월터 교수의 마지막 강의〉, 2016 -

❜❜

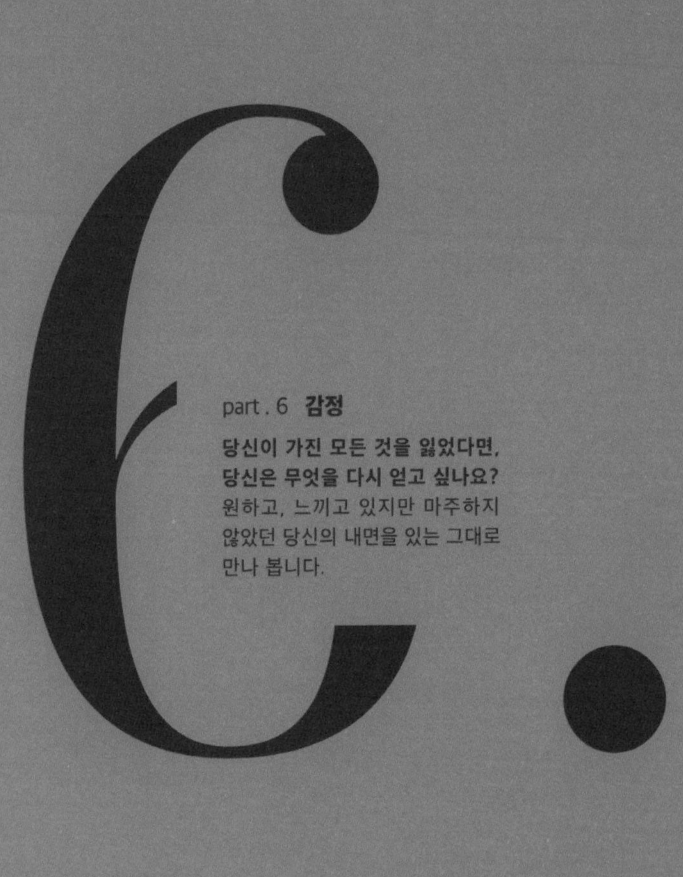

part . 6 **감정**

당신이 가진 모든 것을 잃었다면,
당신은 무엇을 다시 얻고 싶나요?
원하고, 느끼고 있지만 마주하지 않았던 당신의 내면을 있는 그대로 만나 봅니다.

그대의 가슴 속으로 들어가 보라.
가서 문을 두드리고 마음이 무엇을 알고 있는지 물어보라.

– Willian Shakespreare (윌리엄 셰익스피어) –

Q.76

Date.　　.　　.　　No.

최근에 당신은 언제 가장 마음껏 웃었나요?

요즈음 배를 부여잡고 웃었던 순간을 떠올려보세요.
어떤 상황에서 그렇게 웃을 수 있었나요?
누구와 함께 있었는지, 무엇을 했는지 자세하게 적어보세요.

"

당신은 웃을 때 가장 아름답다.

- Karl Joseph Kuschel (칼 조세프 쿠 쉘) -

웃음은 살 수도 없고,
빌릴 수도 없고,
도둑질할 수도 없는 것이다.

- Dale Carnegie (데일 카네기) -

Q.77

Date. . . No.

당신은 무엇이 반가운가요?

'반가움'이라는 단어를 들었을 때 떠오르는 것을 세 가지만 적어보세요.
반가운 냄새, 사람, 순간, 물건 등 무엇이든 괜찮습니다.
그 이유는 무엇인가요?

My Joyful Things

당신이 **반가워하는 것**들은 무엇일까요?
아래 질문에 처음으로 떠오르는 것을 바로 적어보세요.
왜 그것이 떠올랐나요?

- **반가운 손님**

- **반가운 계절**

- **반가운 변화**

- **반가운 소식**

- **반가운 이름**

Q.78

Date. . . No.

활기를 북돋아 주는 당신의 피로회복제는 무엇인가요?

지친 당신에게 생기가 필요할 때, 당신이 찾을 피로회복제를 생각해보세요.
음악 듣기, 누군가와 이야기하기, 나만의 취미 활동하기 등 무엇이든 괜찮습니다.
그것이 당신에게 힘이 되는 이유는 무엇인가요?

"

휴식은 게으름도, 멈춤도 아니다.
휴식을 모르는 사람은 브레이크가 없는 자동차 같아서 위험하기 짝이 없다.

- Henry Ford (헨리 포드) -

Q.79

Date.　　.　　.　　No.

당신이 가장 설렜던 순간은 언제였나요?

살면서 설렘을 가장 크게 느꼈던 때를 떠올려보세요.
그때의 감정을 되새겨보는 지금, 당신의 기분은 어떤가요?

요즘 당신을 설레게하는 것은 무엇인가요?

Q.80

Date. . . No.

당신은 어디에 있을 때 가장 편안한가요?

당신이 안정감과 편안함을 느끼는 장소 혹은 공간을 생각해보세요.
가본 적이 없는 곳이어도, 실재하지 않는 곳이어도 좋습니다.
그곳에서 당신이 마음의 안정을 느끼는 이유는 무엇인가요?

예전의 당신은 어디에 있을 때 가장 편안했나요?

My Comfortable Things

편안한 옷, 신발 혹은 유용한 생활용품이나 전자기기 등
당신의 삶을 보다 **편안하게 만들어준 물건들**을 생각나는 대로 적어보세요.

그 중 오래 간직하고 싶은 물건을 고르고 그 이유를 간단히 써내려보세요.

Q.81

Date. . . No.

당신은 웃고 싶을 때 웃고 있나요?

당신이 웃고 싶을 때 충분히 웃을 수 있는 순간 혹은 웃었던 순간들을 떠올려보세요.
그때 당신은 어떤 기분을 느꼈나요?
즐겁고 기쁜 순간을 당신은 온전히 만끽하고 있나요?

"

웃음은 사람들의 얼굴에서 겨울을 몰아내는 태양과 같다.

- Victor Hugo (빅토르 위고) -

Q.82

Date. . . No.

당신을 기쁘게 하는 것들은 무엇인가요?

날씨, 사람, 취미, 동물, 음식, 일에 대한 성취, 새로운 것에 대한 기대감 등
무엇이든 상관없습니다.
요즘 당신을 기쁘게 하는 모든 것들을 전부 적어보세요.
그것들로 가득찬 당신의 삶은 어떠한 삶인가요?

"

행복이란 당신이 원하는 것을 가지는 것에 있지 않다.
행복이란 당신이 가진 것을 감사함에 있는 것이다.

Q.83

Date. . . No.

당신에게 '좋은(긍정적인) 감정'이란 무엇인가요?

당신의 삶을 풍요롭고 반짝이게 하는 좋은 감정들을 3가지만 적어보세요.
그런 감정들이 당신의 삶에 보다 많은 부분을 차지하려면 무엇이 필요할까요?

감사하는 반가운 뿌듯한 포근한 행복한
흐뭇한 흥분된 고요한 밝은 고마운 든든한
만족스러운 상쾌한 산뜻한 유쾌한 자신 있는
즐거운 편안한 홀가분한 활기찬 열정적인
흡족한 기대하는

나는 빛을 사랑할 것이다.
나에게 길을 밝혀주기 때문에.
그러나 나는 어둠도 참아낼 것이다.
어둠이 나에게 별들을 보여줄 테니까.

I will love the light for it shows me the way,
yet I will endure the darkness because it shows me the stars.

– Og Mandino (오그 만디노) –

Q.84

Date.　　.　　.　　No.

가장 후회하는 당신의 행동은 무엇인가요?

최근 당신의 행동 혹은 선택 중 가장 후회하는 한 가지를 떠올려보세요.
왜 그 선택을 후회하나요?
그때의 당신은 어떤 욕구를 충족하고자 그 행동 혹은 선택을 했을까요?

그때의 당신에게 하고 싶은 말을 간단히 적어보세요.

“

절대 어제를 후회하지 마라. 인생은 오늘의 나 안에 있고, 내일은 스스로 만드는 것이다.

– L. Ron Hubbard (L. 론 허바드) –

1 Chance to Change!

단 한 번 후회하는 순간으로 돌아가 선택을 바꿀 수 있다면,
당신은 어느 순간으로 돌아가 어떤 선택을 할 건가요?
선택을 바꾼 후, 당신의 삶은 어떻게 달라질까요?

Q.85

Date. . . No.

당신이 가장 스트레스를 받았던 순간은 언제인가요?

심리적, 정신적으로 가장 힘들었던 상황을 떠올려보세요.
스트레스의 내부적인 혹은 외부적인 요인은 무엇이었나요?
지난 그 순간을 돌이켜봤을 때, 지금은 어떤 감정과 생각이 드나요?

"

고통은 우리를 깊게 만들어주고, 우리의 색이 더 빛나게 해주며, 우리의 말을 더 크고 멀리 공명하도록 해준다.

– Anne Rice (앤 라이스) –

Q.86

Date.　　.　　.　　No.

당신을 힘들게 하는 존재에게 소리를 지를 수 있다면?

과거 당신을 힘들게 했던, 혹은 지금 당신을 힘들게 하는 존재에게
소리를 지를 수 있다고 가정해보세요.
당신은 뭐라고 소리칠 건가요?

"

당신에게는 외부가 아닌 당신의 마음속에 강한 힘이 있다.
이것만 기억하면, 당신은 반드시 스스로의 힘(강함)을 찾을 것이다.

- Marcus Aurelius (마르쿠스 아우렐리우스) -

Q.87

Date. . . No.

과거에 걱정하고 고민했던 것들 중
지금 생각해보면 별거 아니었던 것이 있나요?

예전에는 큰 걱정이었지만 나중에 돌이켜보았을 때에는 아무것도 아닌 일들을 떠올려보세요.
그때는 그것을 왜 걱정했을까요?
지금의 당신이 고민에 휩싸인 과거의 당신에게 하고 싶은 말은 무엇인가요?

“

걱정은 흔들의자와도 같다.
우리에게 할 일은 주지만, 결코 우리를 어디에도 데려다주지는 않는다.

- Erma Bombeck (에르마 봄벡) -

My Worry Dolls

중부 아메리카 과테말라에는 사람들의 걱정을 가져가는 **'걱정 인형'**이 있습니다.
당신만의 걱정 인형을 자유롭게 그려보세요.
그리고, 당신의 걱정 인형에게 요즘 드는 고민과 걱정을 솔직하게 털어놓아 보세요.

당신의 걱정은 인형에게 맡겨두고, 잠시나마 평안한 시간을 가지는 건 어떨까요?

Q.88

Date. . . No.

당신의 삶에서 단 한 가지 상처를 지울 수 있다면, 어떤 상처를 지울 건가요?

그 상처를 언제 어떻게 입었나요?
당신에게 그 상처가 그토록 아팠던 이유를 적어보세요.
상처가 덧나는 것 혹은 흉지는 것을 막기 위한 당신의 치료법에는 어떤 것이 있을까요?

Q.89

Date. . . No.

화가 난 당신의 모습은 어떤가요?

최근 화가 났던 순간을 떠올려보세요.
당신은 주로 어떤 상황에서 화가 치밀어오름을 느끼나요?
화가 난 순간 당신의 마음과 몸 상태는 어떻게 바뀌나요?

Q.90

Date. . . No.

당신은 스스로 화를 어떻게 표출하나요?

화를 참지 못하는 편인지, 혹은 억누르는 편인지,
아니면 정도에 따라 적절히 표출하는 편인지 스스로 판단해보세요.
당신이 분노를 겉으로 표현하는 정도 혹은 방식이 적당하다고 생각하나요?
화를 해소할 수 있는 방법 중 당신에게 가장 잘 맞는 방법은 무엇일까요?

"

화를 내는 것은 누구나 할 수 있기에 매우 쉬운 일이다.
그러나 적절한 사람에게, 적절한 시간에, 적절한 정도로, 적절한 목적으로, 적절한 방법 안에서
화를 내기는 대단히 어렵다.

- Aristoteles (아리스토텔레스)-

Q.91

Date. . . No.

당신은 울고 싶을 때 울고 있나요?

당신이 울고 싶을 때 울 수 있는 순간 혹은 울었던 순간을 떠올려보세요.
그때 당신은 어떤 감정을 느꼈나요?
울고 싶지만 울지 못한다면, 그 이유와 그러한 상황은 무엇인가요?

"

울음은 나를 진정시켜주고 삶 속의 고민으로부터 벗어나게 해줘.

- 영화 〈인사이드 아웃〉, 2015 -

Q.92

Date. . . No.

지금 당신은 무엇에 가장 불안한가요?

다른 사람과의 관계, 경제적인 문제, 불확실한 미래 등
당신이 지금 가장 불안을 느끼는 대상을 떠올려보세요.
그 대상에 불안을 느끼는 가장 큰 이유는 무엇인가요?
불안에서 벗어나기 위해 지금 당신이 할 수 있는 구체적인 행동에는 무엇이 있을까요?

"

개선과 불안은 늘 함께 한다.
살아있는 모든 인간은 자기 삶의 수준을 개선하려는 기대가 높으면 높을수록
피할 수 없는 불안이란 것과 함께 가야 하는 운명이다.

- Alain de Botton (알랭 드 보통) -

Q.93

Date. . . No.

당신에게 있어 '좋지 않은(나쁜, 부정적인) 감정'이란 무엇인가요?

예전의 당신에게 가장 좋지 않았던, 그리고 지금 당신에게 가장 해가 되는 감정을
3가지만 떠올려보세요. 그 감정들은 무엇을 양분으로 삼고 자랐나요?
그 감정들이 당신의 삶에 어떤 영향을 끼쳤는지 돌이켜보세요.

"

강풍이 분다.
이 바람으로부터 누구는 상상을 얻고, 누구는 두통을 앓는다.

– Catherine the Greatest (카트린 대제) –

의식 트레이너 게오르크 롤로스는 우리를 혼란스럽게 만드는 감정들이 우리 의식 속 '에고의 집'에 모여있다고 합니다. 에고의 집에는 거실에 해당하는 **'통제의 방'**을 비롯해, **'열등감의 방'**, **'죄책감의 방'**, **'결핍의 방'**, **'부정의 방'**, **'저항의 방'**, **'탐욕의 방'**, **'혼란의 방'**, **'오만의 방'**, **'무기력의 방'** 총 10개의 방이 있습니다.

당신은 지금 어느 방 문 앞에 서있나요?
아니면 그 방 깊은 곳에서 오래 머무는 중인가요?

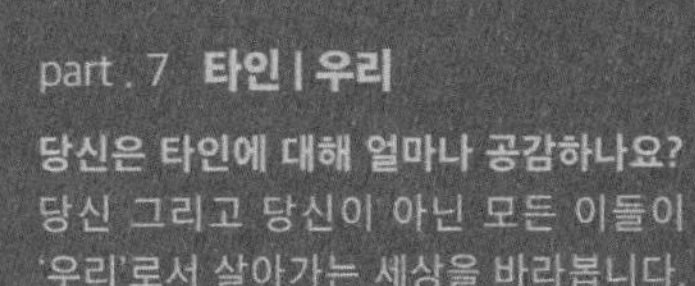

part . 7 **타인 | 우리**

당신은 타인에 대해 얼마나 공감하나요?
당신 그리고 당신이 아닌 모든 이들이
'우리'로서 살아가는 세상을 바라봅니다.

우리가 할 수 있는 최선을 다할 때,
우리 혹은 타인의 삶에 어떤 기적이 나타날지는 아무도 모른다.

- Helen Keller (헬렌 켈러) -

Q.94

Date. . . No.

당신은 당신과 함께 살아가는 사람들에게 어느 정도의 관심을 가지고 있나요?

가족과 친구, 동료와 이웃 등 당신의 주변에 있는 사람들을 떠올려보세요.
그들이 요즘 고민하는 것은 무엇일까요?
그들은 어떤 삶을 살고 있나요?

"

타인은 우리가 그에게 관심을 갖는 만큼 우리에게 관심을 갖는다.

- 터키 속담 -

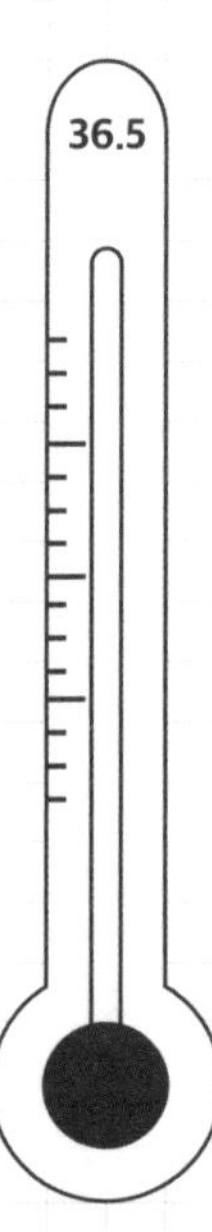

당신의 관심의 온도는 몇 도 인가요?

Q.95

Date. . . No.

당신은 타인에 대해 얼마나 공감하나요?

다른 사람의 감정 혹은 상황에 대한 당신의 공감도를
1에서 10까지의 범위 안에서 선택해보세요.
누군가에 진정으로 공감할 때, 당신은 어떤 기분인가요?
우리의 삶에서 '서로에 대한 공감'이 필요한 이유는 무엇일까요?

1점 ☐ 2점 ☐ 3점 ☐ 4점 ☐ 5점 ☐ 6점 ☐ 7점 ☐ 8점 ☐ 9점 ☐ 10점 ☐

"

사람은 오로지 가슴으로만 올바로 볼 수 있다. 본질적인 것은 눈에 보이지 않는다.

- Saint-Exupery (생텍쥐페리) -

Walk in someone's shoes

주변 사람들 중 당신이 **가장 이해하고 싶은 사람**을 떠올려보세요.
혹은 당신의 공감이 필요한 사람도 좋습니다.
그리고 그 사람이 되어 그의 신발을 신고, 그의 삶을 걸어보세요.
그 사람의 행동과 태도 혹은 상황과 심정은 어디에서 비롯된 걸까요?

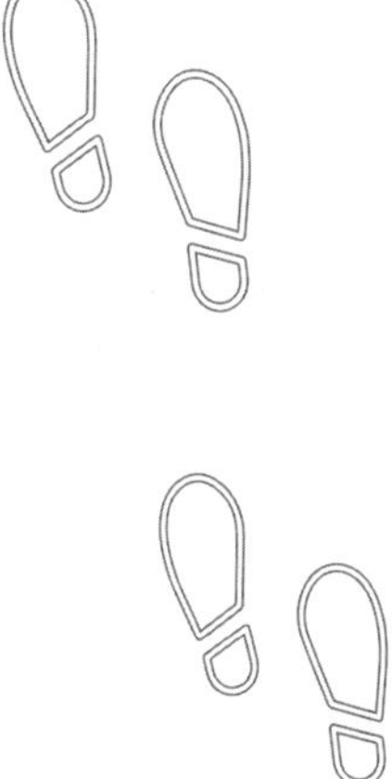

Q.96

Date.　　.　　.　　No.

당신은 다른 사람의 시선으로부터 얼마나 자유로운가요?

당신은 다른 사람에게 잘 보이기 위해 있는 그대로의 당신의 모습을 숨긴 적이 있나요?
평소 다른 사람이 생각하는 당신의 모습에 얼마나 신경을 쓰는지 생각해보세요.
당신은 어떤 사람으로 인식되고 싶어 하나요?

당신의 가치는 당신이 결정하는 것이다.
그러니, 다른 사람들이 당신에 대해 판단하는 것에 신경쓰지 마라.

Your self-worth is determined by you.
You don't have to depend on someone telling you who you are.

- Beyonce (비욘세) -

Q.97

Date. . . No.

당신은 다른 사람에 대한 잘못된 판단을 내린 경험이 있나요?

상대방의 많은 모습 중 일부만으로 그 사람에 대해 판단했을 때를 되짚어보세요.
내가 생각한 모습과 본래 그 사람의 모습이 어떻게 달랐나요?
당신의 판단이 잘못되거나 왜곡되었다는 것을 깨달았을 때 어떤 느낌이 들었는지,
그리고 이후 어떻게 행동했는지 자세히 적어보세요.

"

편견은 내가 다른 사람을 사랑하지 못하게 하고,
오만은 다른 사람이 나를 사랑할 수 없게 만든다.

- Jane Austen (제인 오스틴) -

Q.98

Date. . . No.

당신은 충분히 배려받고 배려하며 살고 있나요?

다른 사람에게 배려받았던 혹은 다른 사람을 배려했던 순간을 떠올린 후
그때의 기분 혹은 감정을 자세하게 적어보세요.
'배려'가 당신의 삶 혹은 우리 모두의 삶에 필요한 이유는 무엇일까요?

당신은 서로 충분히 배려한다고 느끼는 관계가 있나요?

"

예의와 타인에 대한 배려는 푼돈을 투자해 목돈으로 돌려받는 것이다.

- Thomas Sowell (토머스 소웰) -

Q.99

Date. . . No.

당신은 다른 사람으로부터 위로받은 경험이 있나요?

당신이 힘든 시간을 보내고 있을 때, 진심으로 위로받았던 경험을 떠올려보세요.
상대방의 어떤 말과 행동이 당신의 힘겨움을 덜어주었나요?
그 사람의 위로가 당신에게 어떤 방식으로 큰 도움이 되었는지 되새겨보세요.

위로가 필요한 순간, 당신이 누를 전화번호를 적어보세요.
그 사람이 가장 먼저 떠오른 이유는 무엇인가요?

My Healing Course

휴식과 회복의 시간에 당신이 갈 곳, 들을 음악, 볼 영화나 읽을 책 등 무엇이든지 좋습니다.
당신만의 **힐링 코스**를 소개해주세요.

“

바다에 가만히 누워만 있어도 파도 소릴 들으면 스르르 잠이 오네
뜨거운 햇빛은 따뜻한 이불 같고 까슬까슬 모래도 부드럽기만 하네
파도 타고 수영하자, 아무 생각 하지 말고

– 유연경 ‘여름 바다’ 가사 中 –

Q.100

Date. . . No.

당신의 울타리는 어떤 모습인가요?

당신이 쌓아 올린 울타리를 그려보세요.
당신의 울타리의 높이 그리고 두께는 어떠한가요?
타인에 대한 개방성이 어느 정도인지,
당신이 울타리를 통해 보호받고 싶은 것은 무엇인지 생각해보세요.

Q.101

Date. . . No.

당신에게 '타인'이란 어떤 존재인가요?

'내가 아닌 다른 사람'은 당신 혹은 당신의 삶에 어떤 의미로 존재하나요?
누군가에게는 '타인'일 당신은 그들에게 어떤 영향을 끼치고 있나요?

Q.102

Date.　　.　　.　　No.

당신은 어떠한 방식으로 타인의 삶을 존중하나요?

당신은 있는 그대로의 그들의 모습을 진정으로 이해하고 존중하나요?
당신이 당신의 삶을 소중히 여기는 것처럼,
다른 사람이 그 사람으로 살아가는 것 또한 존중하고 있는지 생각해보세요.

My love is Romance BUT!

'내로남불'은 '내가 하면 로맨스, 남이 하면 불륜'이라는 뜻으로,
남이 할 때는 비난하던 행위를 자신이 할 때는 합리화하는 태도를 이르는 말입니다.
당신의 '내로남불'은 무엇인가요?

Q.103

Date. . . No.

당신은 '우리'라는 말에서 어떤 향기(혹은 냄새)를 맡나요?

'우리'라는 단어는 어떤 향기 혹은 냄새를 지녔을까요?
부드럽고 달콤한 향일 수도, 아니면 생각보다 차갑거나 알싸한 향일 수도 있습니다.
나와 너가 아닌 '우리'라는 단어를 마주했을 때, 당신의 감정은 어떤지 관찰해보세요.

Q.104

Date. . . No.

당신은 어디에 속하고 싶나요?

당신이 ‘우리’로서 속하고자 하는 부류를 생각해보세요.
그 부류에 소속되고자 하는 이유는 무엇인가요?

Q.105

Date.　　.　　.　　No.

당신이 생각하는 '우리'의 범주는 어디까지인가요?

당신이 '우리'라고 말할 수 있는 사람들을 떠올려보세요.
당신은 '우리'의 테두리를 어디까지 둘렀나요?

Our ___.

'우리'라는 말은 많은 경우 친밀감을 나타낼 때 쓰입니다.
'우리' 뒤에 와도 좋을 단어들을 적어보세요.
그 단어들을 '우리 _ '라고 이야기할 수 있는 이유는 무엇인가요?

우리 ___________

우리 ___________

우리 ___________

우리 ___________

Q.106

Date. . . No.

‘우리’가 불편했던 순간은 언제인가요?

다른 누군가 혹은 여러 사람들과 ‘함께’, ‘같이’ 해야 했기에
난처하거나 힘들었던 상황을 떠올려보세요.
그때 당신은 어떤 기분이었나요?
함께 살아가는 사회에서 당신이 감내하거나 단념하는 것은 무엇인가요?

Q.107

Date. . . No.

'우리'였기에 보다 의미 있었던 적이 있나요?

혼자가 아닌 '우리'여서 더 기쁘고, 의미 있고, 행복했던 순간을 떠올려보세요.
그 순간 당신은 누구와 함께였나요?

"

슬픔은 자연히 해결된다.
그러나 기쁨의 가치를 충분히 누리려면 기쁨을 함께 나눌 누군가가 필요하다.

- Mark Twain (마크 트웨인) -

Q.108

Date. . . No.

당신은 우리가 서로를 얼마나 이해할 수 있다고 생각하나요?

'나'와 '너'는 서로의 상황과 마음을 얼마나 잘 알고, 받아들일 수 있을까요?
내가 아닌 다른 사람을 '이해한다'는 것의 정의를 스스로 내려보세요.

"

나는 인간의 행동을 경멸하거나 탄식하거나 비웃지 않고
다만 이해하기 위해 끊임없이 노력해왔다.

- Barrruch Spinoza (바뤼흐 스피노자) -

Q.109

Date. . . No.

당신에게 '우리'는 무엇인가요?

'나'와 '너'가 '우리'가 되었던 시간을 되새겨보세요.
당신의 삶에서 '우리'는 어떤 의미를 지니나요?

Q.110

Date. . . No.

'우리 모두가 나답게 살아갈 수 있는 세상'을 위해서 무엇이 가장 중요하다고 생각하나요?

내가 나답게, 다른 누군가가 스스로답게, 우리 모두가 우리답게 살아가기 위해
가장 중요한 것이 무엇일지 생각해보세요.
그것이 왜 중요하다고 생각하나요?

양심 양보 배려 평등 자유 존중 공동체의식 신뢰 희생
용서 인정 소통 감사 공감 사랑 수용 온정 이해 정직 존중

"

우리가 진정한 '나다운 삶'을 살아갈 수 있는 순간은
내가 나의 '나다운 삶'을 존중하듯, 타인의 '나다운 삶'도 존중할 수 있을 때이다.

_ ' ' _

Q.111

Date. . . No.

당신이 당신에게 가장 하고 싶은 질문은 무엇인가요?

가장 물어보고 싶은 한 가지를 고민해보고, 스스로 직접 질문해보세요.
그리고 최대한 솔직하게 이야기해주세요.

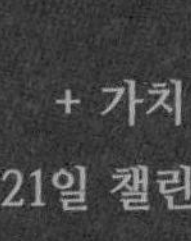

+ Q.1

Date. . . No.

Q. 당신에게 '성공'이란 무엇인가요?

당신의 삶에서 가장 기억에 남는 '성공'은 무엇인가요?
그것을 성공이라 생각하는 이유도 함께 적어보세요.
그 성공을 통해 당신은 무엇을 알게 되었나요?
당신이 생각하는 '성공'을 하기 위해서 무엇이 가장 중요한지 고민해보세요.

"

선수 경력을 통틀어 나는 9,000개 이상의 슛을 놓쳤다. 거의 300회의 경기에서 패배했다.
경기를 뒤집을 수 있는 슛 기회에서 26번 실패했다. 나는 살아오면서 계속 실패를 거듭했다.
그것이 내가 성공한 이유다.

– Michael Jordan (마이클 조던) –

+ Q.2

Date. . . No.

당신에게 '실패'란 무엇인가요?

당신의 삶에서 가장 기억에 남는 '실패'는 무엇인가요?
그것을 실패라고 생각하는 이유도 함께 적어보세요.
실패의 원인은 무엇이었으며, 그 실패로 당신은 어떤 것을 잃었고, 또 배웠나요?

"

나는 남의 충고에 따라 옳은 일을 하여 얻는 것보다
스스로 애쓰다 잘못한 실수를 통해 더 많은 것을 얻을 수 있다고 감히 말한다.

- William Somerset Maugham (윌리엄 서머셋 모옴) -

+ Q.3

Date. . . No.

당신에게 '도전'이란 무엇인가요?

당신의 삶에서 가장 기억에 남는 '도전'을 떠올려보세요.
그 경험을 통해 당신이 얻은 것 혹은 잃은 것은 무엇인가요?
또 다른 도전을 하기까지 당신에게 어떤 것이 필요한지 생각해보세요.

"

20년 후 당신은, 했던 일보다 하지 않았던 일로 인해 더 실망할 것이다. 그러므로 돛줄을 던져라.
안전한 항구를 떠나 항해하라. 당신의 돛에 무역풍을 가득 담아라. 탐험하라. 꿈꾸라. 발견하라.

- Mark Twain (마크 트웨인) -

+ Q.4

Date.　　.　　.　　No.

당신에게 '평등(혹은 불평등)'이란 무엇인가요?

살면서 불평등하다고 느꼈거나, 불평등한 대우를 받았다고 느꼈던 순간을 떠올려보세요.
그때 그렇게 느꼈던 이유는 무엇인가요?
당신이 생각하는 '평등'을 구체적으로 적어보세요.
불평등한 세상이 보다 평등해지기 위해서는 무엇이 가장 필요할까요?

"

우리는 평등하게 태어나지 않았다.
우리는 상호 간에 동등한 권리를 보장하겠다는 우리의 결정에 따라
한 집단의 구성원으로서 평등하게 되는 것이다.

- Hannah Arendt (한나 아렌트) -

+ Q.5

Date.　　.　　.　　No.

당신에게 '선'이란 무엇인가요?

당신에게 있어 '착한 것, 옳은 것, 그래야만 하는 것'들을 떠올려보세요.
그렇게 생각하는 이유 또는 기준은 무엇인가요?
당신이 '선'이라고 생각하는 것이 누군가에게 '악'이 될 수도 있나요?

"

선은 오직 하나밖에 없다. 그것은 자기 양심에 따라 행동하는 일이다.

- Simone de Beauvior (시몬 드 보부아르) -

+ Q.6

Date. . . No.

당신에게 '악'이란 무엇인가요?

당신에게 있어 '옳지 않은 것, 도덕적으로 좋지 않은 것,
그러면 안 되는 것'들을 떠올려보세요.
그렇게 생각하는 이유 또는 기준은 무엇인가요?
당신이 생각하는 '악인'은 어떤 사람인지 적어보세요.

"

악은 간혹 승리를 한다. 그러나 결코 정복하지는 못한다.

- Joseph Rue (요셉 루) -

+ Q.7

Date.　　.　　.　　No.

당신에게 '진실'이란 무엇인가요?

거짓이 전혀 섞이지 않은, 사실 그대로인 것이 존재한다고 생각하나요?
당신이 '진실'이라고 생각하는 것을 떠올려보세요.
그것은 당신에게는 진실이지만, 다른 누군가에게는 거짓이 될 수 있나요?

"

진실은 모든 존재의 근원이며 종말이다.

– 공자 –

+ Q.8

Date. . . No.

당신에게 '거짓'이란 무엇인가요?

최근 당신이 사실과 어긋나거나 왜곡되었다고 판단한 것을 적어보세요.
그것을 거짓이라고 생각하는 이유는 무엇인가요?
당신이 '거짓'이라고 생각하는 것들이 어쩌면 '참'일 수도 있나요?

"

거짓말쟁이가 받는 가장 큰 형벌은 그가 다른 사람으로부터 신임을 받지 못한다는 것보다
그 자신이 아무도 믿지 못한다는 슬픔에 빠지는 데에 있다.

- George Bernard Shaw (조지 버나드 쇼) -

+ Q.9

Date. . . No.

당신에게 '돈'이란 무엇인가요?

돈은 당신에게 어떤 의미인가요?
억만장자가 되어도 당신이 돈으로 살 수 없는 것은 무엇이 있을까요?
당신이 가진 것 중에 돈으로 환산할 수 없는 것들은 무엇인가요?

"

돈은 머리에 넣고 다녀라, 절대로 가슴에 품지 마라.

- Jonathan Swift (조나단 스위프트) -

+ Q.10

Date. . . No.

당신에게 '평화'란 무엇인가요?

당신이 생각하는 평화로운 삶, 평화로운 세상을 맘껏 상상해 보세요.
평화로운 삶 또는 세상에서 당신은 무엇을 느끼고 누릴 수 있을까요?

"

평화는 힘에 의해서 유지되는 것이 아니다.
오로지 이해에 의해서 이루어질 뿐이다.

- Albert Einstein (알버트 아인슈타인) -

+ Q.11

Date.　　.　　.　　No.

당신에게 '자연'이란 무엇인가요?

바람, 풀과 꽃, 나무와 산, 강과 바다. 당신이 사랑하는 자연을 마음껏 적어보세요.
어쩌면, 너무나 당연히 우리에게 주어지는 '자연'은 당신에게 어떤 존재인가요?
'자연스럽다'는 말을 언제 가장 많이 쓰는지 생각해본 후, 그 의미를 되새겨보세요.

"

자연은 결코 배신하지 않는다.
우리 자신을 배신하는 것은 항상 우리들이다.

- Jean-Jacques Rousseau (장 자크 루소) -

CHALLENGE

습관이 모여 사람을 만들고 미래를 결정한다.

- Maxwell Maltz (맥스웰 몰츠) -

한 가지 습관이 당신의 삶 전체를 바꿀 수 있습니다.
당신만의 **'21일 법칙' 습관 만들기**에 도전해보세요.

21 DAYS '_______________' CHALLENGE

이 **습관**을 통해 당신이 궁극적으로 얻고 싶은 것은 무엇인가요?

이 **습관**을 만들기 위해 21일 동안 꾸준히 할 구체적인 목표 3가지를 세워보세요.

1.

2.

3.

< Check! >

Date.　　.　　.　　~

1day	2day	3day	4day	5day	6day	7day
8day	9day	10day	11day	12day	13day	14day
15day	16day	17day	18day	19day	20day	Finish!

CHALLENGE 후기.

"

우리는 모두 더 나은 사람이 될 수 있고 더 나은 삶을 살 자격이 충분하다.
그리고 습관은 우리의 삶을 제자리에 갖다 놓아줄 것이다.

– Wendy Wood의 'HABIT' 中 –

21 DAYS ‘   ’ CHALLENGE

이 **습관**을 통해 당신이 궁극적으로 얻고 싶은 것은 무엇인가요?

이 **습관**을 만들기 위해 21일 동안 꾸준히 할 구체적인 목표 3가지를 세워보세요.

1.

2.

3.

< Check! >

Date.   .   .   ~

1day	2day	3day	4day	5day	6day	7day
8day	9day	10day	11day	12day	13day	14day
15day	16day	17day	18day	19day	20day	Finish!

CHALLENGE 후기.

“

성공과 행복은 정신적 습관의 결과다.

– Maxwell Maltz의 ‘성공의 법칙’ 中 –

21 DAYS '　　　　　　　' CHALLENGE

이 **습관**을 통해 당신이 궁극적으로 얻고 싶은 것은 무엇인가요?

이 **습관**을 만들기 위해 21일 동안 꾸준히 할 구체적인 목표 3가지를 세워보세요.

1.

2.

3.

< Check! >

Date.　　.　　.　　~

1day	2day	3day	4day	5day	6day	7day
8day	9day	10day	11day	12day	13day	14day
15day	16day	17day	18day	19day	20day	Finish!

CHALLENGE 후기.

"

처음에는 우리가 습관을 만들지만, 그다음에는 습관이 우리를 만든다.

- John Dryden, 존 드라이든 -

21 DAYS '　　　　　　　　' CHALLENGE

이 **습관**을 통해 당신이 궁극적으로 얻고 싶은 것은 무엇인가요?

이 **습관**을 만들기 위해 21일 동안 꾸준히 할 구체적인 목표 3가지를 세워보세요.

1.

2.

3.

< Check! >

Date.　　.　　.　　~

1day	2day	3day	4day	5day	6day	7day
8day	9day	10day	11day	12day	13day	14day
15day	16day	17day	18day	19day	20day	Finish!

CHALLENGE 후기.

"

한 가지 나쁜 버릇을 고치면 다른 버릇도 고쳐진다.

- Pascal, 파스칼 -

21 DAYS '　　　　　　　　' CHALLENGE

이 **습관**을 통해 당신이 궁극적으로 얻고 싶은 것은 무엇인가요?

이 **습관**을 만들기 위해 21일 동안 꾸준히 할 구체적인 목표 3가지를 세워보세요.

1.

2.

3.

< Check! >

Date. . . ~

1day	2day	3day	4day	5day	6day	7day
8day	9day	10day	11day	12day	13day	14day
15day	16day	17day	18day	19day	20day	Finish!

CHALLENGE 후기.

"

습관은 나무껍질에 새겨놓은 문자 같아서, 그 나무가 자라남에 따라 확대된다.

- Samuel Smiles, 새뮤얼 스마일스 -

21 DAYS ‘ ’ CHALLENGE

이 **습관**을 통해 당신이 궁극적으로 얻고 싶은 것은 무엇인가요?

이 **습관**을 만들기 위해 21일 동안 꾸준히 할 구체적인 목표 3가지를 세워보세요.

1.

2.

3.

< Check! >

Date. . . ~

1day	2day	3day	4day	5day	6day	7day
8day	9day	10day	11day	12day	13day	14day
15day	16day	17day	18day	19day	20day	Finish!

CHALLENGE 후기.

“

젊음의 잘못된 습관을 치료할 수 있는 유일한 의사는 바로 시간이다.

- Gracian, 그라시안 -

CALENDER

당신이 만들어낸 습관을 통해 이루고 싶은 최종적인 꿈과 삶의 가치를 품어보세요.
그리고 그 **꿈과 가치를 실현시키기 위해 당신의 하루, 그리고 매달**을 알차게 계획해보세요.

‘ ’

	SUN	MON	TUE
	—	—	—
	—	—	—
	—	—	—
	—	—	—
	—	—	—

이번 한 달, 당신이 **소중하게 간직할 가치**는 무엇인가요? ______________________

WED	THU	FRI	SAT
—	—	—	—
—	—	—	—
—	—	—	—
—	—	—	—
—	—	—	—

‘ ’

SUN	MON	TUE
—	—	—
—	—	—
—	—	—
—	—	—
—	—	—

이번 한 달, 당신이 **소중하게 간직할 가치**는 무엇인가요?

WED	THU	FRI	SAT

‘ ’

	SUN	MON	TUE

이번 한 달, 당신이 **소중하게 간직할 가치**는 무엇인가요? ____________________

WED	THU	FRI	SAT

‘ ’

	SUN	MON	TUE
	—	—	—
	—	—	—
	—	—	—
	—	—	—
	—	—	—

이번 한 달, 당신이 **소중하게 간직할 가치**는 무엇인가요?

WED	THU	FRI	SAT

‘ ’

SUN	MON	TUE
—	—	—
—	—	—
—	—	—
—	—	—
—	—	—

이번 한 달, 당신이 **소중하게 간직할 가치**는 무엇인가요? ______________________

WED	THU	FRI	SAT
—	—	—	—
—	—	—	—
—	—	—	—
—	—	—	—
—	—	—	—

	SUN	MON	TUE
	—	—	—
	—	—	—
	—	—	—
	—	—	—
	—	—	—

이번 한 달, 당신이 **소중하게 간직할 가치**는 무엇인가요? ______________________

WED	THU	FRI	SAT
___	___	___	___
___	___	___	___
___	___	___	___
___	___	___	___
___	___	___	___

‘ ’

SUN	MON	TUE
—	—	—
—	—	—
—	—	—
—	—	—
—	—	—

이번 한 달, 당신이 **소중하게 간직할 가치**는 무엇인가요? ______________

WED	THU	FRI	SAT

‘ ’

SUN	MON	TUE
—	—	—
—	—	—
—	—	—
—	—	—
—	—	—

이번 한 달, 당신이 **소중하게 간직할 가치**는 무엇인가요? ____________________

WED	THU	FRI	SAT
—	—	—	—
—	—	—	—
—	—	—	—
—	—	—	—
—	—	—	—

‘ ’

	SUN	MON	TUE
	—	—	—
	—	—	—
	—	—	—
	—	—	—
	—	—	—

이번 한 달, 당신이 **소중하게 간직할 가치**는 무엇인가요? ______________________

WED	THU	FRI	SAT
—	—	—	—
—	—	—	—
—	—	—	—
—	—	—	—
—	—	—	—

SUN	MON	TUE
—	—	—
—	—	—
—	—	—
—	—	—
—	—	—

이번 한 달, 당신이 **소중하게 간직할 가치**는 무엇인가요?

WED	THU	FRI	SAT

'   '

SUN	MON	TUE
—	—	—
—	—	—
—	—	—
—	—	—
—	—	—

이번 한 달, 당신이 **소중하게 간직할 가치**는 무엇인가요? ____________________

WED	THU	FRI	SAT
—	—	—	—
—	—	—	—
—	—	—	—
—	—	—	—
—	—	—	—

SUN	MON	TUE

이번 한 달, 당신이 **소중하게 간직할 가치**는 무엇인가요?

WED	THU	FRI	SAT

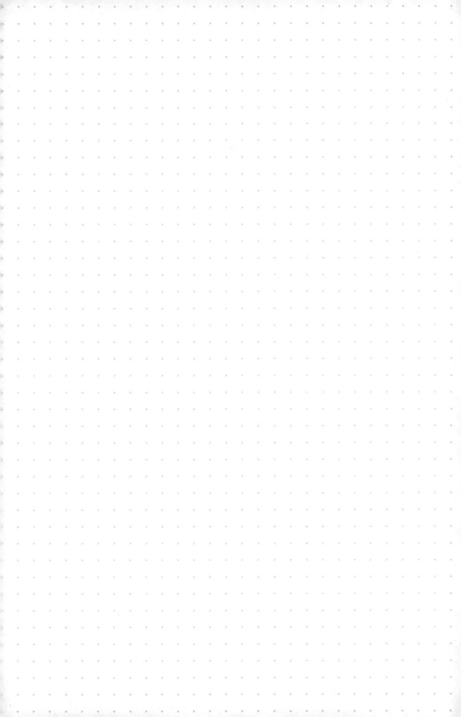

EPILOGUE

Selfer를 쓰기 전과 다 쓰고 난 지금의 '당신' 또는 '당신의 삶'은 어떻게 달라졌나요?
아래의 항목들을 참고하여 편하고 자유롭게 당신만의 에필로그를 작성하고,
이 노트를 완성해보세요.

Selfer를 쓰고 난 후 당신의 느낌과 감정 | 쓰기 전과 쓰고 난 후의 달라진 당신의 삶
앞으로 살아가게 될 당신의 삶 | 나를 위한 위로, 응원, 격려의 말, 다짐과 약속 | 나에게 전하고 싶은 이야기

'SEFLER'의 111가지 질문은 끝이 났어도,

매 순간, 온전한 당신과 당신의 삶을 위한 질문 여행은 끝나지 않았습니다.

나이가 들어감에 따라 변해가는 외모를 거울을 보며 마주하듯,

자신을 향한 '질문'이라는 거울을 통해 변해가는 당신의 삶을

있는 그대로 바라보세요.

그리고 그 질문들의 대답으로 마주하게 될

보다 온전한 당신과 당신의 삶을 마음껏 만끽하며 살아가길 바랍니다.

당신이 어디에서 어떤 삶을 살아가더라도

그저 '당신',

'나'로 살아가길 바라며.

Q. Search

part 1. [나]

Q.1 당신은 누구인가요?
Q.2 당신은 당신을 얼마나 잘 알고 있나요?
Q.3 당신의 외모는 어떻게 생겼나요?
Q.4 당신의 삶에서 가장 중요한 '가치'는 무엇인가요?
Q.5 당신은 스스로를 얼마나 믿고 있나요?
Q.6 요즘 당신의 눈길을 끄는 것은 무엇인가요?
Q.7 당신이 스스로 뛰어나다고 생각하는 당신의 재능은 무엇인가요?
Q.8 당신이 지금 가장 원하는 것은 무엇인가요?
Q.9 지금 가지고 있지 않아서 불만인 것이 있나요?
Q.10 당신은 무엇에 가장 깊게 몰입할 수 있었나요?
Q.11 당신은 '과거'의 당신을 어떻게 기억하나요?
Q.12 '지금' 당신의 모습은 과거의 당신이 바랐던 모습인가요?
Q.13 '미래'의 당신이 지금의 당신을 어떻게 기억할까요?
Q.14 당신을 이루고 있는 모습들에는 무엇이 있나요?
Q.15 '지인들이 생각하는 당신'은 어떤 모습일까요?
Q.16 타인과 구별되는 '당신만의 모습'은 무엇인가요?
Q.17 당신에게 '나다움' 혹은 '나답게'란 무엇인가요?
Q.18 지금 당신은 '당신답게' 살고 있나요?

part 2. [삶 | 죽음]

[삶]

Q.19 당신의 '하루'는 어떠했나요?
Q.20 당신의 일상 중 다른 사람과 공유하고 싶은 '순간'은 언제인가요?
Q.21 하루를 시작할 때 '상쾌함'을 느꼈던 순간은 언제인가요?
Q.22 지금까지 당신이 이룬 것 중 스스로 가장 가치 있다고 생각하는 것은 무엇인가요?
Q.23 당신의 '좌우명' 혹은 '인생의 가치관'은 무엇인가요?
Q.24 당신이 가진 모든 것을 잃었다면, 당신은 무엇을 다시 얻고 싶나요?
Q.25 당신이 가진 것 중 가장 '버리고 싶은 것'은 무엇인가요?
Q.26 당신은 스스로 '선택하는 삶'을 살고 있나요, '선택된 삶'을 살고 있나요?
Q.27 당신이 진정으로 '원하는 삶'은 어떤 모습인가요?
Q.28 당신에게 '삶'이란 무엇인가요?

[죽음]

Q.29 당신의 '버킷리스트'는 무엇인가요?

Q.30 만약 지금 당신에게 남은 시간이 '한 달'이라면, 당신은 그 시간을 어떻게 보내실 건가요?

Q.31 당신의 '죽음'은 어떠할 것 같나요?

Q.32 죽음이 두려운 것이라면, 죽음이 당신에게 '앗아가는 것'은 무엇인가요?

Q.33 당신이 '사랑하는 대상의 죽음'은 어떠할 것 같나요?

Q.34 당신에게 '죽음'이란 무엇인가요?

Q.35 '내일 죽어도 괜찮은 오늘'은 어떤 날일까요?

Q.36 '지금 죽어도 괜찮은 순간'은 어떤 순간일까요?

part 3. [행복 | 불행]

[행복]

Q.37 요즘 당신은 행복한가요?

Q.38 최근 당신이 '일상' 속에서 느낀 '소확행'의 순간은 언제인가요?

Q.39 지난 1년 동안 당신이 한 선택 중 가장 '만족스러운 선택'은 무엇인가요?

Q.40 당신의 삶에서 '가장 행복한 기억'은 무엇인가요?

Q.41 진정 당신을 행복하게 해주는 것은 무엇인가요?

Q.42 이미 당신이 행복을 느끼기에 충분하지만, 그 가치를 잊고 살고 있는 것이 있나요?

Q.43 당신은 스스로 '행복해질 권리'가 있는 사람이라고 생각하나요?

Q.44 당신에게 '행복'이란 무엇인가요?

Q.45 '보다 행복한 삶'을 위해 당신이 가장 중요하게 생각하는 것은 무엇인가요?

[불행]

Q.46 요즘, '불행하다'고 느낀 적이 있나요?

Q.47 당신을 불행하게 하는 것들은 무엇인가요?

Q.48 당신의 슬럼프는 언제였나요?

Q.49 당신의 삶이 불행하다고 느꼈을 때 당신은 어떤 행동을 했나요?

Q.50 당신의 삶에서 '가장 불행했던 순간'은 언제인가요?

Q.51 당신에게 '불행'이란 무엇인가요?

part 4. [사랑]

Q.52 당신은 스스로를 충분히 사랑하고 있나요?

Q.53 당신이 '사랑한다고 느끼는 대상'이 있나요?

Q.54 당신은 사랑하는 대상에게 무엇을 바라나요?

Q.55 당신은 사랑을 어떻게 '표현'하나요?

Q.56 당신과 당신이 사랑하는 사람은 서로의
가장 '행복한 시간'과 '힘든 시간' 모두를 사랑할 수 있나요?

Q.57 당신이 지닌 사랑의 온도는 몇 도인가요?

Q.58 당신의 삶에서 사랑은 필수적인가요?

Q.59 당신에게 '사랑'이란 무엇인가요?

part 5. [관계]

Q.60 당신과 잘 맞는 사람은 어떤 성향인가요?
Q.61 누군가를 '처음' 만날 때의 당신은 어떤 모습인가요?
Q.62 당신에게 힘겨웠거나 버거웠던 관계가 있었나요?
Q.63 상대방과 의견이 일치하지 않을 때, 당신은 어떻게 해결하나요?
Q.64 당신의 삶을 돌이켜 보았을 때, 놓쳐서 아쉬운 인연이 있나요?
Q.65 있는 그대로의 당신의 모습을 솔직하게 보여줄 수 있는 사람은 누구인가요?
Q.66 당신의 고개를 저절로 끄덕이게 하는 사람은 누구인가요?
Q.67 당신에게 있어 가장 고마운 사람은 누구인가요?
Q.68 당신은 거절하고 싶을 때 거절할 수 있나요?
Q.69 당신은 누구에게 가장 인정받고 싶나요?
Q.70 당신의 자서전에서 빠뜨릴 수 없는 사람은 누구인가요?
Q.71 오늘이 당신의 마지막 날이라면, 누구와 함께 하루를 보내고 싶나요?
Q.72 당신은 가까운 사람들에게 당신의 존재 가치가 점점 작아져 간다고 느낀 적이 있나요?
Q.73 많은 사람들과의 관계 속에서 당신의 삶은 충분히 존중받고 있나요?
Q.74 '당신이 아닌 모습으로 사랑받는 것'과 '있는 그대로의 모습으로 미움받는 것' 중 하나를 택한다면, 당신은 무엇을 선택할 건가요?
Q.75 당신이 생각하는 가장 이상적인 '관계'는 무엇인가요?

part 6. [감정]

Q.76 최근에 당신은 언제 가장 마음껏 웃었나요?
Q.77 당신은 무엇이 반가운가요?
Q.78 활기를 북돋아 주는 당신의 피로회복제는 무엇인가요?
Q.79 당신이 가장 설렜던 순간은 언제였나요?
Q.80 당신은 어디에 있을 때 가장 편안한가요?
Q.81 당신은 웃고 싶을 때 웃고 있나요?
Q.82 당신을 기쁘게 하는 것들은 무엇인가요?
Q.83 당신에게 '좋은(긍정적인) 감정'이란 무엇인가요?
Q.84 가장 후회하는 당신의 행동은 무엇인가요?
Q.85 당신이 가장 스트레스를 받았던 순간은 언제인가요?
Q.86 당신을 힘들게 하는 존재에게 소리를 지를 수 있다면?
Q.87 과거에 걱정하고 고민했던 것들 중 지금 생각해보면 별거 아니었던 것이 있나요?
Q.88 당신의 삶에서 단 한 가지 상처를 지울 수 있다면, 어떤 상처를 지울 건가요?
Q.89 화가 난 당신의 모습은 어떤가요?
Q.90 당신은 스스로 화를 어떻게 표출하나요?
Q.91 당신은 울고 싶을 때 울고 있나요?
Q.92 지금 당신은 무엇에 가장 불안한가요?
Q.93 당신에게 있어 '좋지 않은(나쁜, 부정적인) 감정'이란 무엇인가요?

part 7. [타인 | 우리]

Q.94 당신은 당신과 함께 살아가는 사람들에게 어느 정도의 관심을 가지고 있나요?
Q.95 당신은 타인에 대해 얼마나 공감하나요?
Q.96 당신은 다른 사람의 시선으로부터 얼마나 자유로운가요?
Q.97 당신은 다른 사람에 대한 잘못된 판단을 내린 경험이 있나요?
Q.98 당신은 충분히 배려받고 배려하며 살고 있나요?
Q.99 당신은 다른 사람으로부터 위로받은 경험이 있나요?
Q.100 당신의 울타리는 어떤 모습인가요?
Q.101 당신에게 '타인'이란 어떤 존재인가요?
Q.102 당신은 어떠한 방식으로 타인의 삶을 존중하나요?
Q.103 당신은 '우리'라는 말에서 어떤 향기(혹은 냄새)를 맡나요?
Q.104 당신은 어디에 속하고 싶나요?
Q.105 당신이 생각하는 '우리'의 범주는 어디까지인가요?
Q.106 '우리'가 불편했던 순간은 언제인가요?
Q.107 '우리'였기에 보다 의미 있었던 적이 있나요?
Q.108 당신은 우리가 서로를 얼마나 이해할 수 있다고 생각하나요?
Q.109 당신에게 '우리'는 무엇인가요?
Q.110 '우리 모두가 나답게 살아갈 수 있는 세상'을 위해서 무엇이 가장 중요하다고 생각하나요?
Q.111 당신이 당신에게 가장 하고 싶은 질문은 무엇인가요?

part +. [가치]

+ Q.1 당신에게 '성공'이란 무엇인가요?
+ Q.2 당신에게 '실패'란 무엇인가요?
+ Q.3 당신에게 '도전'이란 무엇인가요?
+ Q.4 당신에게 '평등(혹은 불평등)'이란 무엇인가요?
+ Q.5 당신에게 '선'이란 무엇인가요?
+ Q.6 당신에게 '악'이란 무엇인가요?
+ Q.7 당신에게 '진실'이란 무엇인가요?
+ Q.8 당신에게 '거짓'이란 무엇인가요?
+ Q.9 당신에게 '돈'이란 무엇인가요?
+ Q.10 당신에게 '평화'란 무엇인가요?
+ Q.11 당신에게 '자연'이란 무엇인가요?

'   '(작은따옴표)는 2014년부터 10년째 모두가 나답게 살아갈 수 있는 세상과 문화를 디자인하는 Culture Design Corporation / Salon & Pub입니다.

저희는 한 사람이라도 더 나답게 살아갈 수 있는 동네와 세상을 위하여 관악구 신림에서 (추후 지점 확장 예정) 문화예술공간 / Salon & Cafe & Pub을 운영하고 있고 내가 누구인지, 내가 원하는 삶이 무엇인지 마주할 수 있는 제품, 교육, 콘텐츠, 커뮤니티, 프로젝트를 만들고 있습니다.

Selfer.
잃어버린 나를 마주하는 111가지 질문

1판 1쇄 : 2020년 8월 1일
1판 2쇄 : 2020년 9월 25일
1판 3쇄 : 2023년 11월 01일

글. 김서윤 장서영
디자인. 윤세현
제작관리. 장원영 안은비

펴낸곳. Selfer
출판등록 2020년 09월 01일 제 2020-000074호
ISBN. 979-11-971665-0-1 (03190)
주소. 서울시 관악구 신원로 5-1 B01 '   '(작은따옴표)
이메일. be.selfer@gmail.com
인스타그램. @singlemarks @singlemarks_world

*이 도서의 국립중앙도서관 출판예정도서목록(CIP)은 서지정보유통지원시스템 홈페이지(http://seoji.nl.go.kr)와 국가자료종합목록 구축시스템(http://kolis-net.nl.go.kr)에서 이용하실 수 있습니다. (CIP제어번호 : CIP2020037837)